Joachim Dörr

Schlag nach bei Shakespeare ... wenns ums Morden geht

Spurensuche im englischen und amerikanischen Kriminalroman von 1975 bis 1990

für die liebe rote!
kollegin, krimis-partnerin,
dio-lehrerin,
krimi-freundin –
jochen
29/10/92

Joachim Dörr

Schlag nach bei Shakespeare ... wenns ums Morden geht

Spurensuche im englischen und amerikanischen Kriminalroman von 1975 bis 1990

WVT Wissenschaftlicher Verlag Trier

Die Deutsche Bibliothek - CIP-Einheitsaufnahme
Dörr, Joachim:
Schlag nach bei Shakespeare ... wenns ums Morden geht:
Spurensuche im englischen und amerikanischen Kriminalroman
von 1975-1990 / Joachim Dörr.-
Trier: WVT Wissenschaftlicher Verlag Trier, 1992
ISBN 3-884776-047-5

Satz: Susanne Seeber, Susanne Thevissen
Umschlag: Brigitta Disseldorf
Graphik: Copyright Carolyn Hartman 1979
Buchtitel nach "Brush up your Shakespeare"
nach dem Musical *Kiss Me, Kate*
(Verlag Chappel, Hamburg)

© WVT Wissenschaftlicher Verlag Trier
ISBN 3-88476-047-5

Trier, 1992
WVT Wissenschaftlicher Verlag Trier
Bergstraße 27, 5500 Trier

für MLT

You can't beat Shakespeare. *John Appleby*

VORBEMERKUNG

Alles hat damit angefangen, daß ich nie aufgehört habe, Krimis zu lesen, seit ich dreizehn bin. Früher sind es Groschenhefte gewesen, zweispaltig gedruckt, Marke Jerry Cotton. Später hat mich der Ehrgeiz gepackt, alle Abenteuer von James Bond auf Englisch zu lesen, notfalls auch während des Unterrichts unter der Schulbank. Selbst während des Studiums habe ich immer wieder die Buchhandlungen in Freiburg, Heidelberg und Trier nach Krimis durchforstet, zu einer Zeit, als ein Penguin-Taschenbuch klar durch den grünweißen Einband gekennzeichnet gewesen ist (daß die Dame in der Kurzgeschichte von James Thurber sich vergriffen hat, ist nur dadurch zu erklären, daß sie farbenblind gewesen sein muß) und noch DM 2,80 gekostet hat.

Dann bin ich zu Ed McBain vorgedrungen, zu Rex Stout, den Klassikern natürlich und zu Robert Van Gulik, Georges Simenon oder Friedrich Dürrenmatt. Um meine Sprachkenntnisse nicht ganz brach liegen zu lassen, habe ich auch nach dem Studium noch Krimis gelesen.

Vor drei Jahren ist mir beim Lesen mehrerer neuer Romane immer häufiger Shakespeare begegnet - direkt oder indirekt sind mir ständig Anspielungen, Zitate, Figuren aus dem Werk des Klassikers aufgefallen. Eines Tages, als ich in Bonn auf einen Termin mit dem damaligen Bundesbildungsminister gewartet und wegen dringender Etatfragen auf später vertröstet worden bin, habe ich die so gewonnene Zeit für einen Besuch in einer Bonner Buchhandlung genutzt, die eine ansehnliche Abteilung für englische Kriminalliteratur pflegt. Da springt mir regelrecht ein Titel ins Auge: *Lady Macbeth*, von Nicolas Freeling. Im Herbst 1989 hat mich eine Auslandsreise einen Schritt weiter gebracht, denn auf dem Frankfurter Flughafen ist mir die neueste Taschenbuchausgabe von *The Edge* in die Hände gefallen. Im Flugzeug habe ich gelesen und meinen Nachbarn durch meinen Aufschrei des Entzückens erschreckt: Dick Francis, bei dem sonst nur Pferde eine Rolle spielen, hat sich doch tatsächlich an HAMLET versucht.

Nach und nach sind mir andere Stellen in anderen Krimis eingefallen, die verdächtig nach Shakespeare ausgesehen haben. Mit der (fast fixen) Idee im Hinterkopf, einen Aufsatz über Shakespeare im modernen Kriminalroman für die Literaturseite einer Tageszeitung zu schreiben, habe ich die Früchte meines Lesevergnügens in einen Artikel gepreßt, aber keinen Anklang gefunden. Bis mir die Erleuchtung gekommen ist, ich könnte die Romane auch in kleine Hörspiele umwandeln. Damit habe ich dann Glück gehabt und in der Unterhaltungsabteilung meines Heimatsenders einen Programmplatz gefunden. Die aus allen Ecken der Republik zurückgeschickten Aufsätze mit dem möglicherweise etwas zu anspruchsvollen Titel "Hamlet, Puck und andere: Shakespeare im modernen Thriller" habe ich in den Papierkorb geworfen und ein neues Buch aus dem Regal geholt.

Das Thema aber hat mich nicht losgelassen, und mit jedem neuen Kriminalroman, in dem eine Stelle aus einem der Dramen zitiert worden ist, hat meine Sammlung Zuwachs bekommen. Zum Geburtstag 1989 hat mir ein Freund einen französischen Krimi geschenkt und aufs Deckblatt geschrieben: "Zum Ausruhen von der Shakespeareforschung, voilà 'la variation Rimbaud'." Auf Seite 28 ist mir Shakespeare begegnet, meine Jägerinstinkte haben MACBETH gewittert, später HEINRICH IV, weil ein gewisser General Falstaff auftaucht, und die MERRY WIVES OF WINDSOR machen ebenfalls ihre Aufwartung. Also nichts mit Ausruhen. Promovieren, jetzt noch? Einer, der es wissen muß, rät ab: "Dann lesen Ihr Buch nur drei Leute: der Doktorvater und die beiden Referenten."

Ein Freund, der bereits mehrere Bücher veröffentlicht hat, erklärt: "Schriftsteller ist, wer einen Druckkostenzuschuß ergattert." Nun, mein Verleger und ich versuchen es einmal ohne.

JMD.

EINLEITUNG

Es ist nicht verwunderlich, daß kaum jemand beim Lesen eines amerikanischen Kriminalromans auf Anhieb an Shakespeare denkt, wenn ein Polizist bei der Verhaftung dem Verbrecher die Warnung nach der Miranda-Formel vorliest, schließlich hat diese Rechtsbelehrung überhaupt nichts mit Prosperos Tochter oder Shakespeares THE TEMPEST zu tun.

Es ist aber unvermeidlich, daß jedermann beim Lesen sofort an Shakespeare erinnert wird, wenn in John LeCarrés Roman *The Russia House* folgende Worte auftauchen: "To be. Not to be. To counter be."[1] Diese wenigen Worte reichen aus, Shakespeare und seine Figur Hamlet zum Leben zu erwecken mit den sparsamen Mitteln der japanischen Tuschekünstler, denen drei Pinselstriche genügen, um eine Bewegung, ein Profil oder einen Gegenstand auf einem leeren Blatt Papier erkennbar festzuhalten.

Shakespeare wird im modernen englischen und amerikanischen Kriminalroman (auf die Gattungsunterschiede will ich hier nicht eingehen) geplündert, verehrt, zitiert, interpretiert, verschandelt. Shakespeare, der auf deutschen Bühnen meistgespielte Dramatiker, muß dafür herhalten, daß einzelne Krimischreiber alle ihre Titel aus seinem Werk entnehmen, daß seine Stücke zu verbrecherischem Treiben mißbraucht und je nach Bedarf auch uminterpretiert werden. Im neueren Kriminalroman - der Zeitraum zwischen 1975 und 1990 ist Schwerpunkt dieses Buches - bleibt dem Klassiker aller Zeiten nichts, aber auch gar nichts erspart: er wird geschmäht, des Mordes beschuldigt, als Frauenheld dargestellt. Krimiautoren entnehmen seinen Stücken aber auch Handlungselemente, um Fälle aufzuklären, Mörder zu entlarven; sie machen Anleihen bei Shakespeares Gestalten, um Personen zu charakterisieren, ohne selbst viel Worte zu machen - schließlich ist die Figur ja bei Shakespeare ausreichend beschrieben, man braucht ja nur nachzulesen.

Im Nachlesen beim Original, im Auffinden von Spuren liegt auch das intellektuelle Vergnügen der zweiten Ebene, während die erste Ebene des Vergnügens beim Krimilesen nach wie vor darin besteht, den Hinweisen zur Lösung des Falles nachzugehen, den Mörder ausfindig zu machen, bevor der Schriftsteller die Aufklärung liefert. Die Spurensuche ist dann besonders leicht, wenn der Kriminalroman bereits im Titel verrät, daß es auch um Shakespeare geht, beispielsweise bei Michael Innes' Klassiker *Hamlet, Revenge!* aus dem Jahr 1937 oder Neil Gordons *The Shakespeare Murders* von 1933. Irreführend sind hingegen Romantitel, die aus Shakespeares Feder stammen, zum Teil in leicht abgewandelter Form, aber dann nicht halten, was sie versprechen. Ich denke da an Robert Players *Let's Talk of Graves, of Worms, and Epitaphs*, ein Kriminalroman aus dem Jahr 1975, dessen düsterer Titel RICHARD II entnommen ist. Ein weiteres Beispiel liefert das Autorengespann Mary Jane Latsis und Martha Henissart. Als Emma Lathen haben sie 1978 auch *Double, Double, Oil And Trouble* geschrieben, ihren Titel aus der Hexenszene von MACBETH entliehen und durch das einfache Weglassen eines Buchstabens ihren Bedürfnissen angepaßt (im Roman geht es um Bohrrechte in der Ägäis). Bei der Spurensuche im Titelbereich hilft hin und wieder Kommissar Zufall, dann nämlich, wenn der Originaltitel nichts über die Verbindung zu Shakespeare verrät, wohl aber der vom Lektor eines deutschen Verlages gewählte Titel. *There Is Something About A Dame* von Michael Avallone ist 1963 erschienen, zehn Jahre später den deutschen Lesern als *Mord à la Shakespeare* angeboten worden. Nicht nur aus diesem Grunde liegt auf der Hand, daß dieses Buch lückenhaft bleiben muß und nur beispielhaft darlegen kann, welche Rolle Shakespeares Werk im modernen Kriminalroman einnimmt. Der zweite Grund liegt in der Zahl der alljährlich neu erscheinenden Romane selbst, eine Zahl, die nur geschätzt werden kann.

Natürlich haben Kriminalschriftsteller (mit dem entsprechenden Hintergrund) in unregelmäßigen Abständen immer wieder versucht, den "reinen" Literaturwissenschaftlern ins Handwerk zu pfuschen und auf eigene Faust ein neues Kapitel in der Shakespeareforschung zu schreiben. Besonders beliebt ist dabei MACBETH, die Frage nach dem dritten Mörder und nach der Schuld der Lady Macbeth. MACBETH als "murder mystery" hat schon James Thurber in einer amüsanten Kurzgeschichte untersucht, und Ulrich Suerbaum hat ihn widerlegt.[2] Marvin Kaye und James Yaffe haben im Abstand von fünfzehn Jahren den Versuch unternommen, den "dritten Mörder" zu präsentieren und schon Raymond Chandler ist der Frage nach dem Aussehen von Lady Macbeth nachgegangen.[3] Alle diese Versuche sind löblich, aber völlig zurecht hat sich die Shakespeareforschung von Amateuren und Amateurdetektiven nichts am Zeug flicken lassen, die Lösung des Rätsels, wem denn die Sonette gewidmet sind, läßt weiter auf sich warten, auch wenn sich Barnaby Ross in *Drury Lane's Last*

Case große Mühe gibt, den Schleier zu lüften.[4] Auch der Schleier vor dem vermutlich liebreizenden Gesicht der "Dark Lady" bleibt an Ort und Stelle.

Den weitaus größten Nutzen ziehen Kriminalschriftsteller aus Shakespeares Bühnenmorden, die im jeweiligen Roman zum "echten" Kapitalverbrechen umgemünzt werden: Othello bringt Desdemona um, Hamlet erlegt Polonius, der dritte Mörder erdolcht Banquo. Daneben passieren zahlreiche Bühnenunfälle, die - unabhängig von der jeweiligen Regieanweisung der modernen Inszenierung - für zusätzliche Aufregung oder gar unvorhergesehene Mordopfer sorgen.

"Brush up your Shakespeare" - mit dieser Aufforderung aus dem Musical *Kiss Me, Kate* im Sinn, lohnt es sich, Kriminalromane zu lesen, das Lesevergnügen verdoppelt sich sozusagen von alleine. Nicht jeder Krimileser wird gleich in Shakespeares gesammelten Werken nachschlagen können - wer schleppt schon ein tausendseitiges Buch mit auf die Bahnfahrt? -, aber auch nicht jeder englische Polizist hat eine vollständige Ausgabe in der Amtsstube, sei hier zum Trost angemerkt. Robert Richardson, Erfinder des Amateurdetektivs Augustus Maltravers, beklagt ganz allgemein, daß so wenige seiner Landsleute Shakespeare korrekt zitieren können und überhaupt wenig von ihrem größten Dichter wissen. Sheila Radley, die geistige Mutter von Inspector Douglas Quantrill, trägt dieser unbestrittenen Tatsache in ihrem Roman *Death And The Maiden* Rechnung. Quantrill schickt seinen Assistenten in die Bibliothek, damit dieser nach der Lektüre von HAMLET ihn darüber aufklären kann, ob es sich bei der Mädchenleiche um einen Fall von Selbstmord, um eine Parallele zum Freitod der Ophelia handelt oder nicht.[5]

Shakespeares Allgegenwart macht auch vor dem Computerzeitalter nicht halt, wie die Figur des Dipl.-King. Clear in einer Kurzgeschichte des deutschen Krimiautors Peter Glaser ebenso belegt wie der Computerfreak Harvey Schoenberg in einem Roman von Martha Grimes: er hat alles über Shakespeare und seine Zeit, aber auch über seine Zeitgenossen, Kritiker, Mäzene und Neider, gespeichert.[6]

Selbst auf dem olympischen Eis ist Shakespeare zu finden. Bei den Winterspielen 1992 kämpft der tschechoslowakische Eiskunstläufer Korda in einem schwarzen Kostüm um Medaillen, auf der Brust einen goldglänzenden Totenschädel, die Hände hält sich Korda zum Auftakt wie einen Spiegel vors Gesicht, die begleitende Musik stammt aus der Ouvertüre zu Verdis *Macbeth*. Korda erläuft sich als Hamlet die Silbermedaille.

11

Wie sieht Lady Macbeth aus? Ist Othello in Wahrheit homosexuell? Hat Richard III wirklich seine Neffen umgebracht? Wer ist der beste Shakespearedarsteller aller Zeiten? Wer versteckt sich hinter den Initialen W. H.? Hat Shakespeare tatsächlich Marlowe umgebracht? Ist das Manuskript eines Shakespearestückes echt? Heißt es die Hamlet-Falle oder die Macbeth-Falle? Eine Menge Fragen, die von den verschiedensten Kriminalschriftstellern in ihren Romanen gestellt und sogar teilweise beantwortet werden. Fragen, die den Leser aufs Glatteis oder zur Lösung des Falles führen, die ihn auf alle Fälle beschäftigen, unterhalten. Der hohe Wiedererkennungswert des Klassikers vermittelt dem einen oder anderen Leser schließlich auch das beruhigende Gefühl, es nicht nur mit Trivialliteratur, sondern mit richtiger Literatur zu tun zu haben.[7] Mit entsprechend ruhigem Gewissen kann er sich dann seiner Leidenschaft hingeben und nach Herzenslust Kriminalromane schmökern. Der Grad seines intellektuellen Vergnügens wird dabei auch von seinem Bildungshintergrund mitbestimmt - die literarische Spurensuche nach den Werken der Klassiker davon erleichtert, aber, genauso wie einem das Tennisspielen in allen Leistungsstufen Spaß macht, ob als blutiger Anfänger oder als abgebrühter Weltranglistenspieler - ein Vergnügen bleibt es allemal.

Anmerkungen

1 John LeCarré, *The Russia House* (London, Hodder and Stoughton 1989), p. 21. Bemerkenswert ist auch, daß der sowjetische Verräter, der Schreiber des Tagebuches, in dem diese Anspielung auf Hamlets dritten Monolog zu lesen ist, beim britischen Geheimdienst unter dem Decknamen "Goethe" geführt wird!

2 Ulrich Suerbaum, *Krimi - Eine Analyse der Gattung*, (Stuttgart, Reclam 1984), pp. 16 ff.

3 Marvin Kaye, *Bullets For Macbeth* (New York 1976); James Yaffe, *Mom Doth Murder Sleep* (New York 1991); Raymond Chandler, *The Little Sister* (London 1949, Penguin Paperback 1955), p. 7: "And nobody ever looked less like Lady Macbeth. She was a small, neat, rather prissy-looking girl with primly smooth brown hair and rimless glasses." Chandler beschreibt damit seine Klientin - eine Mörderin, wie sich herausstellt.

4 Barnaby Ross ist ein anderes Pseudonym für Ellery Queen, das Autorenduo Frederic Dannay und Manfred Lee. Siehe dazu Jane Gottschalk,

"Detective Fiction And Things Shakespearean", *The Armchair Detective* 14/2 (1981), pp. 100-107.

5 Robert Richardson am Rande des Bouchercon XXI, des alljährlichen Treffens der Kriminalschriftsteller, London, September 1990. Sheila Radley, *Death And The Maiden* (London 1978).

6 Martha Grimes, *The Dirty Duck* (New York 1984).

7 Zurecht macht der Mainzer Anglist T. M. Stein die Einschränkung, daß noch lange keine literarischen Kunstwerke entstehen, nur weil ständig aus Werken der Weltliteratur zitiert wird. Siehe Thomas Michael Stein, "Intertextuelle Referenzen in John LeCarrés Trilogie *The Quest for Karla*", *anglistik & englischunterricht* 37 (1989), pp. 113 ff.

Zur Diskussion über die Wertigkeit der Kriminalliteratur siehe auch den Untertitel von Eberhard Späth, *Der britische Kriminalroman 1960-1975* (Gießen 1983): "Ein Beitrag zur Untersuchung der nicht so hohen Literatur". Oder Richard Gerber, "Verbrechensdichtung und Kriminalroman", in Jochen Vogt (Hg.), *Der Kriminalroman* (München 1971), pp. 404 ff: "... so soll unser Ziel nicht sein, den Kriminalroman als eine wertvolle literarische Gattung zu etablieren."

Anders dagegen der amerikanische Kriminalschriftsteller Edward Clive, der sich in seinem Essay "The Great Debate", *The Armchair Detective* 22/3 (1989), pp. 317 ff., mit der Frage auseinandersetzt, 'whether the mystery novel is the cornerstone or the tombstone of serious literature'.

ERSTES KAPITEL

Bargespräche und Kreuzworträtsel

Neben dem Einfallsreichtum, den Kriminalschriftsteller an den Tag legen, wenn es darum geht, Anleihen bei Shakespeare zu machen, um einen guten Titel für einen Roman zu finden,[1] beweisen viele auch Humor im Umgang mit dem großen Dramatiker und seinem gewaltigen Werk. In Elmore Leonards Roman *Get Shorty*, der in der Traumfabrikstadt Hollywood spielt, spielt sich Ernesto Palmer, ein kleiner Gauner mit dem Spitznamen Chili, als möglicher Filmproduzent auf. Chili, der festgestellt hat, daß in der Filmbranche viel gemogelt und viel verdient wird, verläßt damit seine alten Pfade und seine alten Freunde, aber seine neuen Geschäftspartner finden ihn witzig, denn Chili hat keinerlei formale Ausbildung genossen und von Bildung ist auch nichts zu spüren: er ist ein Ganove, ein Geldverleiher und Wucherer - und deshalb liegt der Witz des Autors nicht zuletzt darin, daß Chili Palmer als "shylock" bezeichnet wird, ohne daß sich der Held des Romans bewußt ist, wem er diesen Namen, diese Berufsbezeichnung verdankt. Leonard treibt das Wortspiel noch weiter. In einer Bar unterhält sich Chili, der ein autobiographisches Drehbuch schreiben und verfilmen will, mit dem berühmten Schauspieler Michael Weir:

> "You're an actor, you like to pretend. Imagine
> you're the shylock. A guy owes you fifteen
> grand and he skips, leaves town."
> "Yeah?"
> "What do you do?"
> "I'm doing Shylock instead of a shylock. Okay,
> what's my motivation? The acquistion of money.
> To collect. Inflict pain if I have to."[2]

Chili kennt sich besser bei Filmen der Sorte Rio Bravo oder Eldorado aus, deshalb holt er sich Rat bei Michael Weir, der natürlich schon auf der Bühne Shakespeare gespielt hat und sich an eine Begebenheit aus einer Spielzeit an einem Provinztheater erinnert.

> "I'm not certain why, but it reminds me of the one, the third-rate actor
> doing Hamlet? He's so bad that before long the audience becomes vocally

14

abusive, yelling at him to get off stage. They keep it up until the actor, finally, unable to take any more, stops the soliloquy and says to the audience, 'Hey, what're you blaming me for? I didn't write this shit!'"[3]

Freilich hat Leonard nicht gesagt, um welchen der sechs Monologe Hamlets es sich bei dieser Anekdote handelt, kaum ein echter Shakespearianer wird jedoch an dieser Stelle des an humorigen Dialogen reichen Romans ein Lächeln unterdrücken können. Auch Charles Willefords lakonischer Roman *The Woman Chaser* spielt in der Filmstadt Hollywood. Diesmal ist es nicht ein kleiner Geldeintreiber, der sich ans Filmemachen wagt, sondern ein Gebrauchtwagenhändler. Im Gegensatz zu Chili Palmer kennt sich Richard Hudson nicht nur bei Hollywoodproduktionen aus, er ist vergleichsweise belesen.[4] Richard Hudson spürt, daß er das Zeug dazu hat, einen ganz neuen, ehrlichen Film zu drehen, bei dem nur echte Leute und keine Schauspieler mitwirken sollen. "The Man Who Got Away" soll Richards bahnbrechendes Werk heißen, viel Geld darf es ohnehin nicht kosten, aber ein Gesicht braucht er, einen Hauptdarsteller unter den Laienspielern. Der soll in Richards "road movie" den Lastwagenfahrer spielen, der ein Kind überfährt und glaubt, er könne davonkommen, dann aber doch nicht davonkommt, ein irgendwie tragischer Held. Richard findet seinen Helden auch, einen Schauspieler, der zur Zeit irgendwo in den Weinbergen von Ojai Valley arbeitet und nebenher an kleinen Bühnen Rollen in Amateurproduktionen übernimmt. Richard hält in einer Bar am Anfang des Tals, trinkt mit Milo, dem Kameramann, der ihm Chet Wilson empfohlen hat, ein Bier. Der Barkeeper kennt Chet, hat ihn erst letzte Woche auf der kleinen Bühne von Ojai Valley gesehen, und weist Richard den Weg in die Weinberge. Chet ist genau der Mann für Richards Film.

"I'm Richard Hudson from Mammoth Studios, and I want you to read for me."
    Watching me insolently from under his dark brows, Wilson removed a sack of Bull Durham from his blue work-shirt pocket and slowly rolled a thin cigarette. He puffed hungrily on the thin weed, and then flipped the spent cigarette into the muddy water of the ditch.
    "*Should I compare you to a f..... turd*," he began, and added his own Anglo-Saxon adjectives as he went along, making the Shakespearean sonnet into an evil parody of a love song. "Want to hear anything else?" he asked rudely. "*Richard the Third, Hamlet, King Lear*, it don't make a damn to me. I know them all."[5]

Natürlich bekommt Chet die Rolle, Richard dreht seinen low-budget-Film, vollendet sein perfektes Werk und liefert die Filmrolle beim großen Boss der Mammoth Studios ab. Das ist aber nicht das "happy ending" und auch noch nicht der tragische Schluß des Romans von Charles Willeford.

Mit etwas weniger derbem Humor, aber mit mindestens ebenso großem Witz geht Martha Grimes in *The Old Fox Deceiv'd*[6] daran, Shakespeare ins Spiel zu bringen, wobei die Amerikanerin gleichzeitig einen Seitenhieb auf bekannte englische Kriminalromanhelden austeilt - auf solche nämlich, die von ihren geistigen Vätern oder Müttern mit der Gabe ausgestattet worden sind, das nicht gerade leichte Kreuzworträtsel der renommierten *Times* in weniger als fünfzehn Minuten zu lösen. Serienhelden Richard Jury und Melrose Plant finden sich in dieser Episode zu kalter Jahreszeit im Norden Englands in einem kleinen Fischerdorf wieder: Melrose Plant, der Adelige, der zum Entsetzen seiner angeheirateten Tante aus Amerika alle seine Titel abgelegt hat, weil er einer Einladung zur Fuchsjagd Folge leistet; Richard Jury von Scotland Yard, weil sein Chef ihn dort hinschickt, um einen Mord aufzuklären. Auf den Stufen der Hafenbefestigung ist in der Nacht vom Dreikönigstag eine Frauenleiche gefunden worden, als Harlekin verkleidet. Auch das Mordopfer ist Gast beim Dreikönigsball[7] gewesen, zu dem der Gastgeber von Melrose, Sir Titus Crael, der erste Mann am Platze mit dem dazugehörigen Herrensitz, gebeten hatte.

Mitten im Zuge der Ermittlungen, bei denen Melrose Plant seinem Freund Jury hilft, hat er einmal eine Atempause, Zeit totzuschlagen, sozusagen, und nutzt diese Zeit, um das Kreuzworträtsel in der *Times* zu lösen:

Melrose returned to the crossword puzzle. Perhaps it was frivolous, but he was done with detection, so he might as well return to a pastime to which he seemed more suited. One could play music on her name. A Shakespearean character. Five down. He chewed the pencil. Fifteen across was *Idiot*. A fitting entry, he felt.
Play music. *Piano*. No, Shakespeare had never named anyone piano. At this rate he would not finish it under fifteen minutes, his usual time. Oh, for God's sake, he thought. *Viola*. From *Twelfth Night*. Propitious, all things considered.[8]

Mehr oder weniger direkt hilft das Kreuzworträtsel Melrose auch auf die Sprünge beim vorliegenden Fall: Viola und Sebastian sind Zwillinge in Shakespeares Stück TWELFTH NIGHT. Zwillinge sehen sich ähnlich, sind Ebenbilder, ein Gedanke, der Plant und Jury auch schon früher hätte kommen können, aber Shakespeares Hinweis fünfzehn Seiten vor dem Ende des dreihundert Seiten dicken Schmökers kommt ja gerade noch rechtzeitig.

Bettgeflüster und Balkonszenen

Brady Coyne ist Mitte vierzig, geschieden, Vater zweier Söhne, Anwalt der oberen Zehntausend von Boston, Kettenraucher, BMW-Fahrer und leidenschaftlicher Angler. Als eines Tages sein alter Freund Anthony 'Tiny' Wheeler aus dem Bundesstaat Maine anruft und fragt, ob Brady ein paar Tage zum Angeln kommen will, sagt er nicht nein, schließlich geht es obendrein um einen Rechtsstreit, bei dem sein Rat gebraucht wird. Wenn Brady Coyne zwei Dinge gleichzeitig tun kann, nämlich fischen und nebenher Geld verdienen, ist er nicht zu bremsen. 'Tiny' gehört eine Hälfte eines fischreichen Sees und er betreibt ein Freizeithotel für Angelsportler. Bei dem Rechtsstreit um die Besitzverhältnisse des Sees spielen auch indianische Ansprüche eine Rolle, eine verzwickte Sache, also packt Brady Coyne genügend Wäsche für eine Woche und sein bestes Angelgerät und fliegt nach Norden, in die Nähe der kanadischen Grenze.

Mit dem Angeln kommt Brady Coyne, Serienheld von William G. Tapply[9], ausgezeichnet zurecht und in der strittigen Rechtsangelegenheit auch weiter, aber in einer anderen Sache kann Brady seinem Freund nicht weiterhelfen. 'Tiny' scheint offenbar seine Frau Marge zu vernachlässigen und Brady bekommt das hautnah zu spüren, als Marge ihn mehr oder weniger unverblümt ins Bett einer der Blockhütten lockt, die zum Anglerparadies gehören.

Jetzt ist der Augenblick der Entscheidung gekommen, aber auch der Moment, den der Kriminalschriftsteller Tapply dazu benutzt, eine weitere Spielart aufzuzeigen, mit der Shakespeares klassisches Werk ausgebeutet werden kann:

To cheat or not to cheat. Her question, not mine, which, she said, she had solved to her own satisfaction.[10]

Der Zweifler, der Zauderer Hamlet wird auf den Plan gerufen durch eine klangliche Anspielung auf seinen berühmten Monolog. Gleichzeitig gelingt es Tapply anzudeuten, daß es bei dem Verführungsversuch von Marge bleiben, daß sich Brady über sein körperliches Verlangen hinwegsetzen wird. Mit einem Wortspiel wird Shakespeare heraufbeschworen, mit einem weiteren läßt Tapply anklingen, daß zwischen Brady und Marge "nichts läuft", daß Marge bestenfalls weiterhin darauf angewiesen ist, sich selbst zu befriedigen. Wie dem auch sei, alle anderen Probleme kann Brady Coyne lösen - auf seine Art.

Die gebürtige Amerikanerin Paula Gosling lebt seit 1964 in England und schreibt seit 1978 Kriminalromane. Für *Loser's Blues*, ihr drittes Buch, hat sie 1980 den Gold Dagger für den besten Kriminalroman des Jahres bekommen.[11] Diese Auszeichnung hat der Roman nicht nur wegen der atemberaubenden Autojagd verdient, einer der Höhepunkte des Geschehens, sondern sicher auch wegen Paula Goslings Behutsamkeit im Umgang mit der Sprache, wegen der sparsamen, aber treffsicheren Weise, mit der sie ihre Figuren zeichnet.

Johnny Cosatelli, ebenfalls so um die vierzig Jahre alt, ebenfalls geschieden, von Beruf Pianist, lebt allein, aber nicht gänzlich ohne Frauen. Eine Schönheit besucht ihn wie gewöhnlich, bricht aber, wie üblich, in den frühen Morgenstunden auf, um zu ihrem (wesentlich älteren, aber auch wesentlich reicheren) Mann nach Hause zu fahren.[12] Diesmal aber kommt sie nicht zuhause an, sondern wird tags darauf tot in einem Londoner Park gefunden. Natürlich gerät der Liebhaber sofort in Verdacht. Der steinreiche Antiquitäten- und Kunsthändler, der enttäuschte Witwer, sinnt auf Rache und schickt ein paar Handlanger los, die Johnny gründlich vermöbeln sollen - oder gar mehr, aber glücklicherweise kommt es nicht dazu, weil Gino, der Junge aus dem Gemüseladen, bei dem Johnny immer einkauft, bei ihm hereinschaut und die Eindringlinge, die natürlich keine Zeugen brauchen können, vertreibt. Johnny schenkt Gino zum Dank dafür, daß er ihm das Leben gerettet hat, einen Hifi-Turm. Diese gute Tat ruft wiederum Elisabeth Fisher, eine Sozialarbeiterin, auf den Plan, die Gino betreut, weil dessen Vater im Gefängnis sitzt, und sie befürchtet, Johnny könnte versuchen, Gino zu verführen. So kommen sich Johnny und Beth näher:

"I'm really sorry about Gino." He watched her rinsing the mugs over and over again, and he felt like an idiot. He'd done his noble Romeo act only to be left standing on one foot plucking thorns out of his damn doublet. Or

was she this twitchy with everyone? "I guess you want me to go, since there's
noth...."
"No ....". She got her voice under control. "No, of course I don't want you
to go. You know I don't."
"Then why do you keep running out of the room every two minutes? I'm
not going to leap on you if you don't want me to."
"I keep running out of the room to stop myself from leaping on you."
"Who's stopping you?"[13]

Ein emanzipiertes Liebeswerben aus der Gegenwart: auch Beth ist
geschieden, liebt ihre Eigenständigkeit, lebt ihr Leben, aber die moderne und gleichzeitig altmodische Romanze ist da, die Gleichung
Liebhaber ist gleich Romeo[14] geht auf. Am turbulenten Ende des
Romans dreht Johnny die Balkonszene aus ROMEO AND JULIET
um, indem er mit großer Mühe auf der Rückseite von Beths Wohnung
ein Baugerüst hochklettert und dann über den Balkon in ihre Küche
eindringt, um Beth aus einer bedrohlichen Lage zu retten.
   Weniger romantisch, aber für das schottische Glasgow ebenso typisch wie für Jack Laidlaw, den Spezialisten aus der Mordkommission
dieser grauen Industrie- und Hafenstadt, verläuft eine Balkonszene
zwischen dem Helden und seiner Geliebten, Jan. Jack Laidlaw, ange-
trunken und angeschlagen, nachdem er den Mord an seinem Bruder
aufgeklärt hat, hat mit Jan in deren Kneipe noch einen trinken, sich
mit ihr aussprechen, von ihr etwas Wärme und Geborgenheit haben wollen. Stattdessen findet er in Jans Lokal eine Party in vollem
Schwung, Jack rastet aus, beleidigt Gäste, prügelt sich mit ihnen, wird
auf die Straße gesetzt. Natürlich regnet es in Glasgow auch in dieser
Nacht, William McIlvanney taucht die Abschiedsszene in graue Far-
ben, die auch die Gemütsverfassung von Jack widerspiegeln.

I stood on the cobblestones of the alleyway in the soft rain. And drunken-
ness, like a false friend, deserted me at once. I felt I had nowhere to go. I
felt I had no one to be. I stood in a void and was simply a part of it. The
rain was more real than I was.
   'Jack!'
It took me some time to locate the voice. It was Jan, standing on her
balcony. No place was ever further away or less attainable than that balcony. Once she knew I was seeing her, she threw something down to me. My
hands reached out automatically and caught it. It was a plastic bag. It didn't
weigh much.

19

Romeo in middle age: you won't have to climb up to the balcony, which is maybe just as well. Juliet will stand there and fire down at you whatever you need, and even what you don't need.[15]

McIlvanney ist ein Meister der Stimmung, ein Meister der Spannung - und er kennt sich mit Shakespeare aus. In *Strange Loyalties* nimmt er Bezug auf eine Verfilmung von THE TAMING OF THE SHREW mit Elizabeth Taylor und Richard Burton in den Hauptrollen,[16] erwähnt Prokofiefs musikalische Bearbeitung von ROMEO AND JULIET[17] und spielt auf KING LEAR[18] an, als Partygäste die englische Königsfamilie durchhecheln und dabei so tun, als wären sie mit den Mitgliedern des Königshauses persönlich bekannt.

Lederbände und Leberpastete

Wie sehr sich Zitate aus Shakespeares Stücken eignen, das jeweilige Geschehen zu begleiten oder Vorgänge der Handlung des Kriminalromans treffend zu kommentieren, belegen die beiden siamesischen Katzen Koko und Yum Yum und ihr Herrchen Qwilleran in dem abgelegenen Ort Pickax in Moose County, vierhundert Meilen nördlich von überall, wo es spätestens im November anfängt zu schneien. Qwilleran hat gerade die Wetternachrichten im Radio verfolgt - der große Schneesturm kann jederzeit hereinbrechen und seine Reisepläne in die Millionenstadt Down Below zunichte machen, aber Qwilleran, ein ehemaliger Starreporter einer Zeitung in Down Below, der in Pickax ein Haus und eine Bibliothek und dazu ein beachtliches Vermögen geerbt hat, will sich unbedingt einmal wieder mit seinen alten Kollegen von der schreibenden Zunft treffen. Außerdem soll er bei der Abschiedsparty für einen Freund beim *Daily Fluxion* die Festrede halten. Qwilleran erklärt seinen beiden Haustieren gerade die Lage und stellt dann zu seinem Ärger fest, daß die beiden Katzen ein Buch aus dem Regal in der Bibliothek gezerrt haben, etwas, was sie nicht tun sollen, schließlich haben Koko und Yum Yum ihr eigenes Zimmer mit Kletterbaum und Bücherregal.

"That's bad form! These are old, rare, and valuable books - to be treated with respect, if not reverence." He examined the book. It was a slender, leather-bound copy of *The Tempest* - one of a thirty-seven volume set of Shakespeare's plays that had come with the house. Experiencing slight qualms, Qwilleran replaced the book on the shelf. It was an unfortunate choice of title. He was determined, however, to fly Down Below for the party.[19]

Lilian Jackson Braun und ihr Detektivgespann lösen in *The Cat Who Knew Shakespeare* ihren achten Fall und die Gefolgschaft ihrer Leser wird von Buch zu Buch größer. In diesem achten Abenteuer im hohen Norden Amerikas geschehen schlimme Dinge (abgesehen davon, daß alle darauf warten, daß der Schneesturm lostobt): das Gebäude der einzigen Zeitung, der *Pickax Picayune*, wird niedergebrannt, der Gründer, Besitzer und Herausgeber der *Picayune* wird tot in seinem Wagen gefunden, der offensichtlich bei Glatteis von der engen Straße abgekommen und gegen einen Baum geknallt ist und in einem bisher stinknormalen Gasthaus ländlicher Art hat sich ein Ortsfremder eingekauft, bei dem es jetzt nouvelle cuisine statt Steak mit Bohnen gibt. Als Reklame sozusagen hat ein Küchenjunge des neuen Lokals eine Portion Schweineleberpastetchen bei Qwillerans Haushälterin abgegeben. Qwilleran ist empört und drauf und dran, seinem Ärger bei den Besitzern des Old Stone Mill Luft zu machen, bis er von Mrs. Cobb erfährt, daß es sich dabei um Nobelfutter für Haustiere handelt.

"Well, take a couple out of the freezer, and the spoiled brats can have them for supper. By the way, have you noticed any books on the floor of the library? Koko is particularly attracted to those small volumes of Shakespeare in pigskin bindings. Yesterday I found *Hamlet* on the floor."
"Do you think he knows I've got a baked ham in the fridge?"
"He has devious ways of communicating, Mrs. Cobb."[20]

Da Qwilleran beim Begräbnis des Zeitungsgründers Goodwinter der Gedanke gekommen ist, er könnte doch eigentlich die Geschichte der *Pickax Picayune* schreiben, besucht er die Bibliothek - nicht nur, weil er verschiedene Dinge nachschlagen, sondern weil er auch mit der Bibliothekarin flirten will. Während sich gleichzeitig drei Mitarbeiter der Bücherei von Pickax um ihn kümmern (wozu ist er denn der reichste Mann am Platze), geht er auf Polly Duncan zu:

"What a pleasant surprise, Qwill! What urgent mission brings you here in such a hurry?"
"I came chiefly to hear your mellifluous voice", he said, turning on a little charm himself. And then he quoted one of his favorite lines from Shake-

21

speare: "'Her voice was ever soft, gentle and low - an excellent thing in a woman'."

"That's from *King Lear*, act five, scene three", she replied promptly.

"Polly, your memory is incredible!", he said. "'I am amazed and know not what to say'."

"That's Hermia's line in act three, scene two, of *A Midsummer Night's Dream*. Don't look so surprised, Qwill. I told you my father was a Shakespeare scholar."[21]

Wenige Tage später macht Koko dem Titel des Romans alle Ehre. Als Polly nämlich Qwilleran eines Abends besucht, hat Koko wieder einmal einen Band der ehrwürdigen Ausgabe des Klassikers aus dem Regal geworfen. Koko und Yum Yum, die schon so manchen weiblichen Eindringling aus ihrem ménage à trois vertrieben haben, verhalten sich bei Polly friedlich bis freundlich, und als Qwilleran von Kokos neuestem Lieblingsspiel berichtet, fragt Polly scherzhaft:

"What titles has Koko recommended?"

"He's on a Shakespeare kick. It may have something to do with the pigskin bindings. Just before you arrived, he pushed *A Midsummer Night's Dream* off the shelf."

"That's a coincidence. I'm named after one of the characters."

"Hippolyta?"

"Correct! My father named all of us after characters in the plays. My brothers are Marc Anthony and Brutus, and my poor sister Ophelia has had to endure bawdy remarks ever since the fifth grade."[22]

Die Romanze bahnt sich an, und beim Abendessen plaudern Qwill und Polly nicht nur über die Zukunft und Geschichte der *Pickax Picayune*, die Ernährung von Katzen und den drohenden Schneesturm, sondern auch über Literatur, insbesondere über Shakespeare - den kennt Polly in- und auswendig, hat sogar ihre eigene Theorie über die Urheberschaft des ihm zugeschriebenen Werkes, ihre eigenen Zweifel an der Identität Shakespeares. Polly wird erst richtig in Fahrt gebracht, als Koko ein weiteres Buch aus dem Regal wirft, diesmal KING HENRY VIII.

"Do you ever wonder about the true identity of Shakespeare, Qwill?"

"I've read that the plays may have been written by Jonson or Oxford."

"I think Shakespeare was a woman. There are so many strong female roles and wonderful speeches for women."

"And there are strong male roles and wonderful speeches for men."

"Yes, but I contend that a woman can write strong male roles more successfully than a man can write good women's roles!"[23]

Qwilleran gibt zunächst mit einem höflichen Knurren klein bei, dann lesen er und Polly abwechselnd aus HENRY VIII den beiden Siamkatzen vor, bis sich schließlich Polly für das Essen und den Abend bedankt und nach Hause fährt. Als Qwilleran die Haustüre schließt, hört er einen dumpfen Schlag in der Bibliothek, sieht nach und entdeckt Koko, der auf dem Regal sitzt, am Boden wieder einmal ein Stück von Shakespeare.

It was *Hamlet* again, and a line in the first scene caught his eye: "'Tis now struck twelve; get thee to bed."[24]

Nachdem Qwilleran Koko nochmals ermahnt, nicht immer die wertvollen Shakespearebände herunterzuwerfen, geht er schlafen. Lilian Jackson Braun läßt es aber mit der Zitatensammlung nicht bewenden; bei der Lösung des Falles hilft Shakespeare indirekt auch mit und sein HAMLET erfährt eine Kurzinterpretation durch den Amateurdetektiv Qwilleran, angestachelt von Koko, der ausgerechnet HAMLET mehrfach aus dem Regal zerrt. Qwilleran versucht es erst mit einer Geruchsprobe, aber seine Nase kann zwischen den Ledereinbänden von HAMLET und anderen Stücken keine Unterschiede feststellen.

Could Koko smell the pigskin covers, or some rare nineteenth-century glue used in the bindings? If so, why did he concentrate on *Hamlet*? What was the plot of the play? Hamlet's father had died suddenly; his mother remarried too soon; the father's ghost revealed that he had been murdered; the mother's name was Gertrude.[25]

Die Witwe des Zeitungsgründers hört auf den Kosenamen 'Gritty', heißt aber richtig Gertrude. Der Unfall ihres Mannes hat sich erst später als Mord entpuppt, und ihr Sohn, von allen nur 'Junior' genannt, macht sich daran, das Erbe seines Vaters zu ordnen: "The similarity to the Goodwinter tragedy was too fantastic",[26] überlegt Qwilleran, aber die Autorin hat diesen Gedanken auch in die kleinen grauen Zellen der Leser gepflanzt - mit Absicht und Erfolg.

The Cat Who Knew Shakespeare ist eine wahre Fundgrube für Bruchstücke aus dem Werk des Dramatikers, und Lilian Jackson

Braun setzt die (meist bestens bekannten) Zitate gekonnt ein, nutzt Shakespeares Worte und Figuren, um die Handlung voranzutreiben, aber auch, um ironische Akzente zu setzen. Polly heißt, zu allem shakespearianischem Überfluß, mit Nachnamen auch noch Duncan! Wer will, kann aus den Wortwechseln zwischen Polly und Qwilleran auch jene shakespearsche Qualität herauslesen, wie man sie in seinen Komödien antrifft. Das buchlastige Buch läßt den Amateurdetektiven Spuren in der Bücherei suchen, wobei Qwilleran einen anderen Benutzer des Lesesaals entdeckt, der ihm verdächtig vorkommt (wie sich später herausstellt, zu Recht), läßt die Bibliothek Qwilerans mit allen siebenunddreißig ledergebundenen Shakespearestücken den Raub von verbrecherischen Flammen werden. Der Brandstifter ist ausgerechnet der Verlobte von Qwillerans Haushälterin Mrs. Cobb, ein Mann, den Qwilleran von Anfang an nicht leiden kann (nicht ausschließlich deshalb, weil er durch ihre Wiederheirat eine hervorragende Haushälterin verlieren würde), ein Mann, der von der Kriminalschriftstellerin als "inept Romeo" bezeichnet und schon deshalb vom Leser mit einem gewissen Mißtrauen beäugt wird.[27]

Qwilleran, früher Gerichtsreporter beim *Daily Fluxion*, klärt die Geschichte um die *Pickax Picayune* auf, gewinnt die hübsche Bibliothekarin mit der angenehmen Stimme für sich, und auch die Angelegenheit mit dem französischen Nobelrestaurant erledigt sich zu aller Zufriedenheit.

Anmerkungen

1 Es gibt allein drei Kriminalromane mit dem Titel *A Comedy of Terrors*, zwei weitere heißen *The Merchant of Menace*, zwei andere *A Midsummer Night's Murder*. Daneben gibt es zahlreiche Titel nach dem MACBETH-Muster: *Exit Murderer, Enter Murderer* etc.

2 Elmore Leonard, *Get Shorty* (New York, Delacorte 1990), p. 177.

3 *Get Shorty*, p. 173.

4 Im Roman erwähnt werden unter anderem T. S. Eliot, James Joyce, Dostojewski, Dylan Thomas, Kafka, Sayoran, Ezra Pound, Scott Fitzgerald.

5 Charles Willeford, *The Woman Chaser* (New York 1960; Carrell & Graf 1990), p. 128. Nach John Dover Wilson, *The Sonnets* (Cambridge [2]1967) handelt es sich dabei um das Sonett Nummer 18 mit der Anfangszeile "Shall I compare thee to a summer's day?".

6 Martha Grimes, The *Old Fox Deceiv'd* (New York 1982; Dell 1988). Die Autorin benennt alle ihre Kriminalromane nach alten englischen Land-gasthäusern.

7 "Der Dreikönigstag, für den das Stück offensichtlich geschrieben war, wurde im elisabethanischen England häufig mit ausgelassenen Feiern und Maskenspielen begangen. [...] Shakespeare hat hier das Motiv der Verkleidung und Verwechslung zu einem Sinnbild menschlicher Täusch-barkeit [...] gemacht."
Siehe Dieter Mehl, "Was ihr wollt", pp. 66-70, in *Shakespeare-Kommentar* (München 1968).

8 *The Old Fox Deceiv'd*, p. 284.
Das Thema Shakespeare im Kreuzworträtsel taucht auch in einem Kriminalroman von Michael Gilbert auf. Die Schüler der Privatschule Trenchard House bereiten zum Trimesterende eine Aufführung von TWELFTH NIGHT vor, der Titel lehnt sich eng an Shakespeare an: *The Night of the Twelfth* (1976, Penguin 1978). Ein Lehrer löst mit Vorliebe das *Times*-Kreuzworträtsel:
He had worked steadily for half an hour when Mr. Diplock drifted in and settled down in his arm-chair with the *Times* crossword. It took him twenty-five minutes to finish it.
"My record is nine minutes thirty seconds", he said. "It's set by diffe-rent men on different days of the week. Did you know? The Tuesday puzzle is always the easiest. The man who sets it clearly did *Hamlet* and *Midsummer Night's Dream* for School Certificate." (p. 39).

9 William G. Tapply, *Dead Meat* (New York 1987; Fontana 1989). Das ist Tapplys fünfter Roman mit Brady Coyne, dessen Angelleidenschaft sich auch daraus erklärt, daß der Autor selbst davon ergriffen ist und in Fach-zeitschriften wie *Sports Illustrated* oder *Field & Stream* schreibt.

10 *Dead Meat*, p. 180.

11 Paula Gosling, *Loser's Blues* (London 1980; Pan 1981).

12 *Loser's Blues*, p. 10. Weil Johnny seiner verheirateten Geliebten diesmal aber zum letzten Mal als Romeo zur Verfügung steht, geht Lisa im Zorn:
There was the sound of a car engine roaring from the street below. Hell hath no decibel level like the departure of a woman scorned.

13 *Loser's Blues*, p. 174.

14 Diese Gleichsetzung von Romeo und Liebhaber ist häufig zu finden, eben-so wie diejenige von Shylock und Wucherer, und nicht nur in der Kriminal-literatur.

15 William McIlvanney, *Strange Loyalties* (London, Hodder and Stoughton 1991), p. 264.

16 *Strange Loyalties*, p. 115.

17 *Strange Loyalties*, p. 211.

18 *Strange Loyalties*, p. 107:
"Four people close at hand were discussing the Royal Family in a very familiar way. How can people do that? Who knows who they are? Do *they* know who they are? It's the King Lear syndrome. As soon as people bow or curtsey to you, how can you work out what they think? The existential mirror that is other people's eyes becomes misted."
19 Lilian Jackson Braun, *The Cat Who Knew Shakespeare* (New York, Jove 1988), pp. 5-6.
20 *The Cat Who* ..., p. 25.
21 *The Cat Who* ..., p. 27.
22 *The Cat Who* ..., p. 35.
23 *The Cat Who* ..., p. 36.
Die Verfasserschaftsdiskussion hat am heftigsten Ende des 19. Jahrhunderts getobt. Zu den "Alternativ-Autoren" haben Bacon, Marlowe, Jonson, sogar Chaucer gezählt, unter den weiblichen Kandidaten stehen Anne Hathaway und sogar Königin Elisabeth zur Auswahl. Die Diskussion ist aber abgeschlossen.
24 *The Cat Who* ..., p. 38.
25 *The Cat Who* ..., pp. 199-200.
26 *The Cat Who* ..., p. 200.
27 *The Cat Who* ..., p. 88:
"All around town Hackpole was considered obnoxious. This inept Romeo wanted to give Mrs. Cobb a .22 rifle. Poor woman! She had hoped for a certain expensive silk blouse for her birthday, and Hackpole had given her an expensive Swiss army knife."
Siehe auch Anmerkung 14.

ZWEITES KAPITEL

Pferderennen und Mörderjagd

Während viele Kriminalschriftsteller immer wieder einen beliebten Serienhelden bemühen, wechselt der englische Autor Dick Francis ständig seine Hauptfigur,[1] aber in allen seinen Romanen spielen Pferde und Pferderennen eine große Rolle, so auch in *The Edge* von 1988, seinem siebenundzwanzigsten Roman.[2] Der Held, beim britischen Jockey Club Security Service als Ermittler angestellt, heißt Tor Kelsey. Er hat die unangenehme und streckenweise lebensgefährliche Aufgabe, einen möglichen Mörder zur Strecke zu bringen, den die Vorstandsmitglieder des Jockey Club schon lange im Verdacht haben, Pferderennen zu manipulieren und sich an illegalen Wetteinnahmen zu bereichern. Es wird noch Schlimmeres im Club gemunkelt, aber bislang hat niemand Julius Apollo Filmer etwas nachweisen können, auch die Polizei nicht.

Dick Francis entführt die Krimileser auf eine abenteuerliche Reise mit der Eisenbahn quer durch Kanada, von Pferderennen zu Pferderennen in einem Luxuszug mit extravagantem Speisewagen, komfortablen Schlafwagen, extra angehängten Pferdeboxen und Futterwagen sowie eigenen Quartieren für die Stallburschen. Die zahlende Reisegesellschaft setzt sich aus steinreichen Pferdebesitzern, Pferdezüchtern und leidenschaftlichen Pferdenarren zusammen (die allerdings in ganz gewöhnlichen Zugabteilen sitzen). Als besondere Abwechslung (neben dem täglichen Menü mit fünf Gängen, zubereitet von Spitzenköchen, aufgetischt von korrekt gekleideten Kellnern) haben sich die Reiseveranstalter folgendes ausgedacht: jeweils zwischen Aperitif und Entrée tritt eine Schauspieltruppe zur Unterhaltung der Fahrgäste auf und bietet improvisiertes Theater, inszeniert einen Mord, fordert das Publikum auf, bei der Suche nach dem Mörder mitzumachen.[3] Tor Kelsey, der als Kellner Tommy zunächst unerkannt die Reise im 'Great Transcontinental Mystery Race Train' antritt, freundet sich mit Zak, dem Chef der Theatertruppe, an. Beim Aufenthalt in Winnipeg lehnen beide am Zaun der Rennbahn, betrachten die Pferde und unterhalten sich über ihre Favoriten.

"What are you betting on in our race?", he asked. "I suppose Premiere will win, what do you think?"
   "Upper Gumtree", I [=Tor] said.
   "It's supposed to be half asleep", he objected.
   "It's got a nice face", I said.
He looked at me sideways. "You're crazy, you know that?"
   "I am but mad north-north-west."
   "When the wind is southerly", he said promptly, "I know a hawk from a handsaw." He laughed. "There isn't an actor who doesn't hope to play Hamlet."
   Have you ever?"
"Only in school. But once learned, never forgotten. Shall I give you my 'To be or not to be'?"[4]

Bereits hier führt Dick Francis HAMLET ein und betont damit sein schriftstellerisches Geschick mit dem 'play within the play' in seinem Roman, denn Zak und seine Truppe führen schließlich ein 'racing mystery' auf, in dem ein Stallbursche ermordet, ein Rennpferd vergiftet und ein Trainer verdächtigt wird, Pferde gezielt verlieren zu lassen.[5]

Zwischen Winnipeg und Calgary, dem nächsten Haltepunkt des 'Great Transcontinental Race Mystery Train' ereignen sich mehrere Dinge, die Tor zu denken geben: der Stallbursche, der Laurentide Ice zu betreuen hat, jenes unbezahlbare Rennpferd, das Julius Apollo Filmer von der steinreichen, aber jungen und bildhübschen Witwe Daffodil Quentin gekauft hat, bekommt Schreikrämpfe und Angstzustände, will unbedingt die Zugreise abbrechen. Die millionenschwere Xanthe, die einen Privatwaggon an den ohnehin schon luxuriösen Zug hat hängen lassen, fällt beinahe ins Nichts: jemand hat den Waggon abgehängt, Xanthe hat hysterische Anfälle. Und die schöne Daffodil, die bereits in den vergangenen Monaten den unerklärlichen Verlust von zwei Rassepferden hat verschmerzen müssen, deutet beim Frühstück im Speisewagen an, daß sie die Reise abbrechen will. Ein anderer Unglücksfall hilft Tor unerwartet weiter: einer der Schauspieler bricht sich den Arm. Da dieser Mann dafür zuständig ist, das täglich neue Manuskript für die allabendliche Vorstellung im Zug zu liefern, sucht Zak händeringend nach zündenden Ideen - Tor hat sie. Aber er macht sich die Notlage der Schauspieler zunutze und baut ganz besondere Dinge in die Dialoge des 'racing mystery' ein, so zum Beispiel den Selbstmord eines Pferdenarrs, weil dieser wegen unsportlichen Verhaltens vom Jockey Club von allen Rennplätzen Englands verbannt wird. Tor freut sich, als Zak ihm von der Reaktion eines Fahrgastes berichtet, der ihn gefragt hat, woher denn die Idee mit dem Selbstmord stammt.[6]

"Did anyone else react?"
"Do I detect a hint of *Hamlet*?"
"How do you mean?", I asked.
"The play's the thing, wherein I'll catch the conscience of the king? Right? Is that what you were up to?"
"In a mild way."
"And tomorrow?"
"Tomorrow, too."
"Perhaps I shouldn't let you write tomorrow's script."
"Read it first, then decide." He began reading. He read to the end and finally raised a smiling face. "Where's the *Hamlet* bit?"
"In loving not wisely but too well."
"That's *Othello*."
"Sorry. All I want to do is open a few specific eyes, warn a couple of people. If they see something acted, they can learn from it."
"Like Hamlet's mother."[7]

Der Bösewicht fühlt sich ertappt, wird kreidebleich, verlangt zu wissen, wer das Stück geschrieben hat. Die von Filmer erpreßten Gäste begreifen die gespielte Warnung und machen sich so ihre Gedanken über den Selbstmord ihres alten Freundes, über den Verbleib mehrerer Rennpferde. Bevor aber Tor (alias Tommy, der Kellner) den Fall Filmer zu den Akten legen kann, hat Dick Francis noch ein paar Stationen, fahrplanmäßige und andere, auf der spannenden Reise mit dem 'Great Transcontinental Race Mystery Train' eingelegt. In Vancouver, dem Endpunkt der Reise des Rennzuges, inszenieren Tor, sein Chef Catto und dessen kanadischer Kollege Bill Baudelaire einen Schauprozeß gegen Julius Apollo Filmer, dem nach und nach dämmert, während eine Beschuldigung nach der anderen gegen ihn vorgetragen wird, was ihm schließlich zum Verhängnis geworden ist:

Filmer said furiously, "That damned play!"
"Yes", said Catto. "It put things very clearly."[8]

Mit diesem Wutausbruch beginnt Filmers indirektes Geständnis, und Francis ruft durch die Betonung des 'play within the play' noch einmal die Elemente seines Kriminalromans in Erinnerung, die er dem Werk des Dramatikers Shakespeare zu verdanken hat.[9]

Dorfteich und Dorfklatsch

Anders als der weltläufige Held Tor, in Toronto ebenso zuhause wie auf Hawaii, in London oder Paris, ist Douglas Quantrill der typisch englische Landbewohner, einer, den es nie in die Millionenstadt an der Themse gezogen hat, nur dienstlich fährt er von Breckham Market dorthin. In Breckham Market ist Douglas Quantrill Polizist im Rang eines Chefinspektors, und er weiß, daß er es nicht weiter bringen wird. Zur nächsten Beförderung fehlt ihm die entsprechende Bildung: die Schule hat er immer gehaßt, eine Universität hat er nie von innen gesehen.[10] Quantrill befindet sich am Anfang des Lebensabschnittes, den man üblicherweise als 'midlife crisis' bezeichnet, er ist ehemüde, beruflich leidlich zufrieden bis abgebrüht, vom Leben erwartet er nicht mehr viel und wünscht seinen beiden Kindern, einer erwachsenen Tochter und einem halbwüchsigen Sohn, alles Bessere.

Da wird Mary Gedge tot aufgefunden. In einem langen Sommerkleid liegt sie in einer teichartigen Verbreiterung des Flüßchens Dunnock, barfuß. Mary ist gerade achtzehn, sie hat vor kurzem erst das Abitur bestanden und ein Stipendium für das altehrwürdige King's College in Cambridge bekommen, hat das Leben, ein vielversprechendes Leben, noch vor sich gehabt. Aus diesem Grunde glaubt Quantrill auch nicht so recht an einen Selbstmord und setzt sich daran, mehr über das tote Mädchen zu erfahren. Im Zuge seiner Ermittlungen spricht er auch mit Jean Bloomfield, Marys alter Lehrerin, die gerade Besuch von ihrer Freundin Liz hat.

"I agree that it would be more romantic than practical to wear a long dress in long grass, but gathering flowers is more romantic than practical. In fact, that may well be why she fell into the river. The hem of her dress would become heavy with damp and mud. It would get in the way. She might well have tripped on the river bank ..."

"Hey!", Liz sat bolt upright, flushed, her eyes glistening with A level intelligence and tears. "That must have been how she came to drown - the long skirt and the flowers .... Mary must have drowned in the same way that Ophelia did!"

Chief Inspector Quantrill was instantly alert: "Ophelia who?", he demanded.

"Ophelia Shakespeare, I suppose", she spluttered hysterically, "or else Mrs. Hamlet-to-be!"[11]

Diese Blamage läßt Quantrill keine Ruhe. Hätte Liz doch HAMLET erwähnt, dann hätte er sich zurechtgefunden, aber jede Figur in Shakespeares Werk kann er nicht kennen. Und überhaupt, ist Mary wirklich so ums Leben gekommen? Kann es sich tatsächlich so abgespielt haben wie bei Shakespeare? Quantrill, der in seinen Nachforschungen über das kurze Leben der Mary Gedge in eine Sackgasse geraten ist, aus der ihm auch der Dorfklatsch von Breckham Market nicht heraushilft,[12] geht auch dieser höchst unwahrscheinlichen Spur nach.[13] Er schickt seinen Assistenten Bedford in die Bücherei, denn im Polizeirevier ist keine Ausgabe von Shakespeares Werken zu finden.

"I've heard how the body was found, in a long dress with flowers scattered around her, and it does sound a lot like Shakespeare. I imagine that your theory is that she'd been gathering flowers, and then remembering Ophelia, acted out the part and took it too far. Well, the girl acted the scene and then climbed a willow tree, just as Ophelia did. That's in Gertrude's speech, Act Four Scene Seven. Would you like me to read the relevant bits, sir?"

"Do", said Quantrill hoarsely. Bedford cleared his throat. He had never thought that he would find himself standing in a DCI's office reading Shakespeare.

"*There is a willow grows aslant a brook,*
That shows his hoar leaves in the glassy stream;
There with fantastic garlands did she come,
Of crow-flowers, nettles, daisies and long purples ......
There, on the pendent boughs her coronet weeds
Clambering to hang, an envious sliver broke,[14]
When down her weedy trophies and herself
Fell in the weeping brook. Her clothes spread wide
And, mermaidlike, awhile they bore her up;
.... but long it could not be
Till that her garments, heavy with their drink,
Pulled the poor wretch .... to muddy death. "

Quantrill sat in silence for a few moments. "How deep would you say this brook was?"

"I've always thought of it as being about waist-deep, sir."

"Hm. The Dunnock's nowhere near that, at Ashthorpe bridge."[15]

Quantrill, ein guter Detektiv, springt bei der ersten sich bietenden Gelegenheit wieder auf den Boden der Tatsachen und fährt mit Bedford noch einmal an den Ort, an der man die Leiche von Mary Gedge gefunden hat. Beide Polizisten suchen den Fundort nochmals nach Spuren ab, unterhalten sich über die Untersuchungsergebnisse der Spezialisten und über das Opfer sowie das, was sie über Mary herausgefunden haben. Immer mehr nähren sich die Zweifel am Selbstmord Marys, obwohl beiden Polizisten Hamlet und Ophelia nicht aus dem Kopf gehen wollen. Aber Polizisten brauchen Beweise, halten sich an Tatsachen, also an Wahrheit, nicht an Dichtung.

> "You've ruled out suicide in Mary Gedge's case, sir?"
> "No evidence to suggest it. And she was happy, by all means."
> "But so was Ophelia, when she drowned. Well, serene rather than actually happy. I mean, that was the form her madness took - when she fell in the water she simply floated along singing, didn't she? A kind of unintentional suicide, I suppose. But could it have been unintentional suicide with Mary?"
> "No", Quantrill said. "She didn't just float along serenely, she hurt her hands and knees trying to save herself."[16]

Diese Indizien, die Tatsache, daß Mary eigentlich eine Welt offen gestanden hätte, die Quantrill selbst nie betreten hat, sowie die Zweifel, die einem Ermittler in einem Todesfall immer bleiben, bis sie durch Beweise ausgeräumt werden, bringen Chefinspektor Douglas Quantrill dazu, alle Befragten noch einmal aufzusuchen, nachzuhaken, bereits gemachte Aussagen zu überprüfen und die Zeugen - in diesem Fall hauptsächlich Charakterzeugen - mit den Ergebnissen der Nachprüfung zu konfrontieren. Zwangsläufig unterhält er sich auch wieder einmal mit Jean Bloomfield, die Mary wohl am besten gekannt hat. Quantrill ist auch zu der Überzeugung gelangt, daß als Mörder, falls es ein Mord gewesen ist, nur jemand in Frage kommt, der Mary gekannt hat - und zwar sehr gut. Jean Bloomfield scheint jedoch am Selbstmordgedanken festzuhalten.

> "Sometimes they reach their peach at eighteen. There are always a few who never live up to their early promise; for one reason or another: they're homesick, they make the wrong friends, they become emotionally disturbed."
> "And you think that would have happened to Mary Gedge?"

"I think it was a possibility, particularly in view of her innocence. But I doubt if any of us had consciously formulated the idea of her as a victim - I didn't, until Liz mentioned Ophelia."
"But that was because of the flowers and the long dress, wasn't it?"
"Yes, superficially. But Ophelia was a victim too. She was a beautiful innocent who fell in love with the wrong man and positivley invited him to destroy her."
Quantrill's eyebrows jumped. "Did she? And what you're suggesting is that Mary Gedge hadn't yet met her particular Hamlet?"[17]

Douglas streitet sich noch ein wenig mit Jean über das relative 'Glück', das Mary und Ophelia gehabt haben, nämlich das, jung und glücklich, zumindest in heiterer Verfassung zu sterben, dann aber muß Quantrill weitere Aussagen überprüfen, andere Fragen an andere Freunde, Verwandte, Lehrer von Mary stellen. Bei der Lösung des traurigen Falles hilft dem erfahrenen Detektiven schließlich seine Beobachtungsgabe ebenso wie sein gutes Gedächtnis und sein Kennerblick für hübsche Frauenbeine.

Frömmelei und Grausamkeit

Auch Augustus Maltravers ist eine zutiefst englische Figur, englischer geht es kaum noch. Der Amateurdetektiv, 1985 von Robert Richardson in seinem Erstlingswerk *The Latimer Mercy*[18] ins Leben gerufen, das sogleich mit dem Preis für den besten ersten Roman durch die Crime Writers' Association[19] ausgezeichnet worden ist, tritt zusammen mit seiner Lebensgefährtin Tess Davy, einer Schauspielerin, als Detektivgespann auf, vorwiegend in der Provinz. Ein Landsitz alteingesessener Edelleute, eine Kathedrale oder auch ein edles Herrenhaus sind Schauplätze der Handlung, Richardsons Romane stecken voller Dialoge und Textstellen, die an Oscar Wildes Komödien erinnern,[20] der Journalist und Dramatiker Augustus 'Gus' Maltravers verfügt über einen reichen Schatz an jederzeit abrufbaren Zitaten des Klassikers William Shakespeare, aber auch anderer Literaten aller Epochen.[21]
Maltravers hat für das Vercaster Festival ein Stück für eine Frau geschrieben, eine Schöpfungsgeschichte aus feministischer Sicht, wenn man so will, und Diana Porter, eine berühmte Schauspielerin, eine Freundin von Tess und Gus, übernimmt die Rolle der Frau:

Diana wird nach der Uraufführung in der Kathedrale von Vercaster gefeiert wie ein Weltstar, das Lob ihrer Darbietung nimmt eher die Züge einer Huldigung an, und die beste Methode, einer Schauspielerin zu huldigen besteht darin, ihr neue Interpretationen weiblicher Rollen aus Shakespeares Stücken zuzutrauen:

> "She crossed a few frontiers tonight", Tess remarked. "She did indeed. And just think what she's got to do. Desdemona, Juliet, Cleopatra, Ophelia. She's going to find things in there that even the blessed William didn't imagine."[22]

Ganz unerklärlich und für Dianas bisheriges persönliches Verhalten ungewöhnlich verabschiedet sie sich von der ihr zu Ehren veranstalteten Gartenparty des Dekans auf französische Art. Gus, Tess, der Dekan, der Bischof, der Bürgermeister, alle sind zunächst nur bestürzt wegen des unhöflichen Betragens von Diana, später aber besorgt über ihr rätselhaftes Verschwinden. Allerdings taucht sie doch plötzlich und ebenso unerwartet wieder auf. Als Tess und Gus vom Gartenfest ins Haus seiner Schwester Melissa zurückkehren (Melissas Mann, Michael, ist der Pfarrer der Gemeinde), machen sie eine grausame Entdeckung: an die Eingangstür ist eine abgehackte Frauenhand genagelt.

Bald wird die bedrückende Vermutung zur schrecklichen Gewißheit: es handelt sich um Dianas Hand, wie ein Vergleich der Fingerabdrücke auf einer Nachttischlampe beweist, und wenige Tage später wird dem Bischof Dianas andere Hand mit der Post zugeschickt. Krampfhaft halten Dianas engste Freunde an dem Gedanken fest, sie könnte eine so grausame Verstümmelung überlebt haben, aber in Wahrheit wissen alle, daß Diana ermordet worden ist. Augustus Maltravers wird an eine Frauenfigur bei Shakespeare erinnert, der äußerst ähnliche Grausamkeiten widerfahren sind:

> Did he really want Diana found, butchered like Lavinia but with a tongue to relate her torture?[23]

Augustus Maltravers stolpert in seinen ersten 'Fall' als Amateurdetektiv, tatkräftig unterstützt von seiner Lebensgefährtin Tess. Während er sich mit der Wirtin eines offensichtlich geistesgestörten Verehrers von Diana unterhält, geht Tess in ein kleines Lebensmittelgeschäft und bringt das Gespräch auf Diana und ihren unbekannten Verehrer.[24] Bei der Suche nach einem verschwundenen Manuskript der Bibel (das am Tage der Uraufführung von Maltravers' Einfrauenstück gestohlen worden ist und seit Jahrzehnten den größten Schatz der Kathedrale von Vercaster darstellt), der sogenannten Handschrift von Latimer aus dem 16. Jahrhundert, will Gus die Privatsammlung seltener Bücher des Stadtrates Hibbert unter die Lupe nehmen. Tess, seine Partnerin, lenkt inzwischen den eingebildeten Hibbert ab:

"I was admiring your garden when we arrived", she said ingenuously. "Is it as superb at the back of the house?"
"My dear, it is unique", Hibbert replied pompously. "It contains every flower or plant mentioned by Shakespeare. As an actress, I'm sure...?"
"How wonderful! Every one? Could I see it? It must be remarkable."[25]

Richardson schafft es in seinem ersten Kriminalroman im Stil der englischen Klassiker des goldenen Zeitalters,[26] Shakespeares Werk sowohl ernst als auch heiter einzusetzen. Zum einen spielt er mit Wort und Tat auf TITUS ANDRONICUS an, eines der gewalttätigsten Stücke, zum anderen ruft er mehrere Frauengestalten im Zusammenhang mit der weiblichen Hauptfigur des Romans (und des Mordopfers) in Erinnerung und macht sich bei der Gartenszene des weiteren seine Kenntnisse des Klassikers zunutze, um die Handlung des Detektivromans voranzutreiben. Daß Richardson so nebenher auf einen Krimiklassiker anspielt, nämlich *Hamlet, Revenge!* von Michael Innes aus dem Jahr 1937,[27] ist sicherlich kein Zufall, sondern künstlerische Absicht. *The Latimer Mercy* ist meines Erachtens der einzige Kriminalroman der Jahre 1975 bis 1990, der auf Shakespeares TITUS ANDRONICUS Bezug nimmt - eine weitere Parallele zu *Hamlet, Revenge!*[28]

Anmerkungen

1 Einzige Ausnahme: Sid Halley, ein Jockey, der Privatdetektiv wird, weil er bei einem Sturz unter die Hufe seines Pferdes gerät und seine Hand zertrümmert wird, er also nie mehr Rennen reiten kann. Er spielt in zwei Romanen die Rolle des Helden: *Odds Against* (1965) und *Whip Hand* (1979).

2 Dick Francis, *The Edge* (New York, Fawcett 1988).

3 Ein 'Mystery Weekend' wird auch bei Kreuzfahrten der Queen Elizabeth II angeboten. Offenbar erfreut sich diese Form der Unterhaltung wachsender Beliebtheit.

4 *The Edge*, p. 186.

5 Tor fragt Zak, ob denn alle Schauspieler beim Rennen sind, und Zak antwortet:

"Oh, sure. Have to be able to talk about it to the owners tonight. Don't forget, it's a racing mystery, after all." I thought I had forgotten, in a way. The real mystery I was engaged in tended to crowd the fiction out. (pp. 185/186).

An anderer Stelle treibt Francis das Spiel mit dem bei Shakespeare beliebten dramatischen Mittel des 'play within the play' gar noch weiter: beim Gläsertrocknen, das der Ermittler des Jockey Clubs nur halbherzig betreibt, weil er den Speisewagen aus den Augenwinkeln beobachtet, bemerkt eine Kellnerin scharfäugig, aber fälschlicherweise:

"How long are you going to keep this up?"

"To the end, I guess."

"But when is your scene? Are you the murderer?"

"Most definitely not!"

"The last time we had an actor to pretend he was a waitor, he was the murderer." (p. 218).

6 Der unerklärliche Selbstmord des Pferdebesitzers Ezra Gideon und der Verkauf seiner Pferde an Filmer haben den Jockey Club erst auf den Plan gerufen. Tor erkundigt sich danach, welcher der Gäste nach dem Manuskript gefragt hat:

"Can't remember. It might have been Mr. Young."

Indeed it might, I thought. Ezra Gideon had been his friend. It might have been Filmer. Gideon had been his victim. (p. 245).

7 *The Edge*, pp. 245 ff. Auch an anderer Stelle greift Francis scherzhafterweise noch einmal HAMLET auf. Die Reiseleiterin Nell, in die Tor verliebt ist, erläutert den Zeitplan des Tages:

"At five thirty we're serving champagne in the dining car, and at six we'll have the solution to the mystery, and then the gala banquet, and then the actors return for photos and post mortems over cognac. It all sounds like hell."

"It will all work beautifully."

"I'm going into a nunnery after this!"

"There are better places."

"Where, for instance?"

"Hawaii?" (p. 249).

8 *The Edge*, p. 328.

9 In seinen früheren Romanen hat Francis kaum Klassiker bemüht. Diesmal aber kommt auch der (schon fast klassische) zeitgenössische Dichter Dylan Thomas vor. Die Mutter von Bill Baudelaire, unheilbar an Krebs erkrankt, leistet Tag und Nacht Telefondienst zwischen London, Toronto und dem fahrenden Zug. Tor versteht sich gut mit ihr, will sie besuchen, aber Mrs. Baudelaire stirbt. Francis würdigt sie mit dem Gedicht 'Do Not Go Gentle Into That Good Night'.

Aus diesem Gedicht hat Robert Richardson übrigens den Titel für sein viertes Buch, *The Dying of the Light* (London, Gollancz 1990), in dem wiederum OTHELLO behandelt wird. Maltravers' Lebensgefährtin Tess Davy, Schauspielerin, spielt Desdemona in einem Freilichttheater.

10 Sheila Radley, *Death And The Maiden* (London 1978; Penguin 1989), p. 15:

"Quantrill was wistfully conscious of his lack of formal education. Presently a word eluded him, and he began to chase it through the well-used pages of his dictionary."

11 *Death And The Maiden*, pp. 97 f.

12 Hat Mary ein Verhältnis mit ihrem Englischlehrer gehabt oder mit ihrem Schwager, der behauptet, sie seit mehr als einem Jahr nicht mehr gesehen zu haben? Oder etwa mit dem netten Jungen von der Tankstelle, der sie immer zum Klavierunterricht gefahren hat? Oder gar mit dem Klavierlehrer? Fragen, die der Dorfklatsch von Breckham Market aufwirft, aber nicht beantwortet.

13 "It was the most obscure piece of evidence that he had ever heard", (p. 104).

14 Quantrill kennt das Wort 'sliver' nicht und unterbricht Bedfords Vortrag deshalb. Anzeichen für die allgemeine Schwierigkeit, heutzutage mit Shakespeares Sprache zurechtzukommen, weiterer Hinweis auf Quantrills fehlende Bildung:

"A what?", interrupted Quantrill.

"He means a branch, sir, don't you think?"

"Ah", said Quantrill profoundly, suppressing the disrespectful thought that Shakespeare ought to have put what he meant, instead of wrapping facts up in words. (p. 104).

15 *Death And The Maiden*, pp. 103 f.

16 *Death And The Maiden*, p. 105. Zum unbeabsichtigten Selbstmord weiß Bedford noch ein Detail aus der elisabethanischen Theaterwelt zu berichten:

"I know it was just a device that Shakespeare used to keep the sympathy of his audience, because they would think that suicide was a sin." (p. 105).

17 *Death And The Maiden*, p. 165.

18 Robert Richardson, *The Latimer Mercy* (London 1985; Gollancz 1989).

19 Der John Creasey-Preis der CWA wird alljährlich für den besten ersten Kriminalroman vergeben. Das Gegenstück zur englischen CWA ist die amerikanische MWA, die Mystery Writers' Association of America.

20 Folgende Bemerkung einem kleinen Mädchen gegenüber könnte auch eine Lady Bracknell gemacht haben:

"Rebecca, my dear", said Augustus Maltravers, "you are a child to make one contemplate the possible attractions of celibacy." (p. 7).

Dies ist der allererste Satz des Buches und legt daher die stilistische Grundnote fest. Liebenswert wird Maltravers allerdings gleich dadurch, daß er zugibt, an der Formulierung dieses Satzes einige Minuten gefeilt zu haben.

21 Diana und Rebecca kommen gut miteinander aus, und Gus wundert sich über diese Kinderliebe, die sich später daraus erklärt, daß Diana schwanger ist:

"This maternal instinct is something new."

"I'm very fond of children", Diana replied, carefully poking one daisy through the split stem of another. She turned to Rebecca. "And if I ever have a little girl, I'm going to call her after you." She placed the completed chain of flowers on her hair. "Titania, perhaps?" Distantly, they heard the cathedral clock.

"I shall forgo the obvious quote, but it's time we were getting back for lunch", said Maltravers. (p. 41).

Das naheliegende Zitat stammt aus dem MIDSUMMER NIGHT'S DREAM, ebenso wie natürlich der Name der Elfenkönigin: The iron tongue of midnight has tolled twelve (V, 1).

22 *The Latimer Mercy*, p. 38.

23 *The Latimer Mercy*, p. 146.

24 Das Gespann von Amateurdetektiven übt sich in der klassischen Arbeitsteilung und zieht sich den Zorn der ermittelnden Behörde zu. Siehe pp. 101 f.

25 *The Latimer Mercy*, p. 113.

26 "Robert Richardson ... provides a clever modern equivalent to the manor house and cosy village settings of the Golden Age writers...". Michael Johnson, Verleger.

27 Richardson setzt in *The Latimer Mercy* den eitlen, reichen Gärtner Hibbert dem echten, schlechtbezahlten Gärtner Macdonald aus *Hamlet, Revenge!* gegenüber. Bei Richardson erfüllt die Gartenszene einen detektivischen Zweck, bei Innes wird sie als 'comic relief' benutzt:

"Maybe your Grace is no acquaintet wi'Mistress Hunter's Wild Flu'ers o' *Shakespeare?* ... It's in the library and it might persuade her Grace that Shakespeare's wild flu'ers doon that lang table would be mair appropriate than my guid carnations."

"Upon my soul, Macdonald, I didn't know you were a student of Shakespeare", said the Duke.

"Shakespeare, your Grace, was well instructed in the theory of gardening, and it becomes a guid gardener to be well instructed in Shakespeare." *Hamlet, Revenge!* (London 1937; Penguin [6]1989), p. 14.

28 *Hamlet, Revenge!*, p. 21:

"Noel withdrew a quarto sheet of paper from the envelope and handed it to Elizabeth. All three stared at it.

And in their ears tell them my dreadful name, Revenge, which makes the foul offender quake.

'From *Titus Andronicus*', said Gott.

'Rubbishing sort of joke', said Noel."

DRITTES KAPITEL

Amateurtheater und Detektivarbeit

Für Krimileser ist *Hamlet, Revenge!*[1], dieser englische Krimiklassiker von 1937, längst ein 'must', und eigentlich müßte man dieses Buch für Anglisten zur Pflicht(sekundär?)lektüre machen, sei es nur, um sie aus dem oft humorlosen Reich der Shakespeareforschung, der Literaturwissenschaft, der Theatergeschichte in das von Ironie durchsetzte, von Humor, Sprachwitz und Situationskomik durchzogene Reich der Spannungsliteratur zu entführen. Schließlich verbirgt sich hinter dem Pseudonym Michael Innes kein geringerer als der Literaturprofessor J. I. M. Stewart, der unter diesem Namen eine Reihe von rein wissenschaftlichen Büchern geschrieben hat.[2]

Hamlet, Revenge! hat vor mehr als fünfzig Jahren den Grundstein für alle diejenigen Kriminalromane gelegt, die seither einen Bühnenmord Shakespeares zum 'echten', also zum kriminalliterarischen Mord umgemünzt haben - und das sind nicht wenige.

Im Goldenen Zeitalter des englischen Kriminalromans entstanden, hält sich das an literarischen Anspielungen, an verdeckten Hinweisen auf andere, auch zeitgenössische Autoren aller Art[3] kaum zu überbietende Buch streng an die damals geltenden Regeln:[4] Schauplatz des mörderischen Geschehens ist ein Schloß, ein Landsitz, eine Kathedrale; Opfer des Verbrechens, oder auch die Übeltäter, stammen aus besten Kreisen; Handelnde sind auf eine bestimmte Zahl begrenzt; der Ort der Handlung kann nicht verlassen werden; Hinweise auf Opfer, Täter und Beweggründe des Mörders werden von Beginn an dem Leser unter die Brille geschoben; die Lösung des Rätsels aber dennoch erst am Ende des Romans.

Michael Innes nennt *Hamlet, Revenge!* eine Geschichte in vier Teilen und unterscheidet zwischen Prolog, Entwicklung, Entwirrung, Epilog.[5] In Scamnum Court, dem Stammsitz von Herzog Horton, wird eine Amateuraufführung von HAMLET vorbereitet, an der mehr als dreißig Personen, darunter prominente Politiker, Professoren und andere Laiendarsteller unter der Leitung von Giles Gott mitwirken. In der Rolle des Polonius tritt Englands Lord Chancellor Lord Auldearn auf, bis zu der bekannten Stelle, wo er von Hamlet durch einen Vorhang erstochen wird, weil dieser ihn für Claudius hält. Bei der

Generalprobe klappt noch alles, aber bei der privaten Uraufführung zwei Tage danach läuft etwas schief:

> The Queen and Polonius took the front stage for the closet-scene. Mr. Bose, crouched in his place to the side of the rear stage, was following the speech of the invisible players, syllable by syllable. Polonius' injunction to 'lay home'; Hamlet's call for admittance; the rustle of the rear stage curtain as Polonius slipped through from the front stage to 'silence himself'.... The altercation between Hamlet and the Queen grew. The Queen's cry rang out:
>> *'Help, help, ho!'*
> From the rear stage came the echoing voice of Polonius:
>> *'Help, help!'*
> Mr. Bose, his eyes fixed on the text, stirred in his seat. A pistol-shot rang through the hall.[6]

John Appleby von Scotland Yard wird eingeschaltet, weil seine Vorgesetzten zurecht vermuten, daß dieser Polizist von der neuen Art (mit Bildung, Geschmack und möglicherweise Vermögen) eher geeignet ist, sich in den Kreisen von Scamnum Court und der dort versammelten Amateurtheatertruppe zu bewegen und den Mord an Lord Auldearn aufzuklären.[7] Appleby kommt zu mitternächtlicher Stunde von einem Ballettbesuch nach Hause, auf der Straße vor seinem Apartmenthaus parken mehrere dunkle Limousinen, darunter die des Premierministers. Der setzt Inspektor Appleby ins Bild, wenn auch bruchstückhaft, gibt ihm aber eine Direktive mit auf den Weg:

> "And where have you been, Mr. - um - Appleby?"
> *"Les Présages*, sir!"
> The Prime Minister shook his head. "The ballet's gone modern since my day. When Degas was painting, now ... But the point is the Lord Chancellor's been shot. At Scamnum Court, playing in *Hamlet* apparently - a strange play, Mr. Appleby, a strange atmosphere about it. Shot thirty-five minutes ago by goodness knows whom. But whatever it's about the business has no political significance. You understand me?"
> "No political significance", said Appleby.[8]

Und genau hier irrt der Premierminister, wie die Ermittlungen Applebys ergeben. Ian Stewart,[9] der Lord Chancellor, ist nämlich am Freitagabend von London aus angerufen und wegen einer dringenden

Angelegenheit in sein Amt zurückbeordert worden, erster Hinweis
darauf, daß der Mord eben doch eine politische Bedeutung haben
könnte, erste Andeutung des Autors, daß er mit seinem zweiten Roman den Versuch unternimmt, die Detektivgeschichte mit der Spiona-
gegeschichte zu verknüpfen und damit den Pfad der Tugend eines
reinen Kriminalschriftstellers des Goldenen Zeitalters[10] zu verlassen.
Innes gestaltet seine vierteilige Geschichte aber noch verzwickter, indem er neben der Spionageaffäre und dem Bühnenmord auch noch
einen 'ganz normalen' Einbruchdiebstahl in die Handlung einbaut.
Aber in Wahrheit ist Michael Innes auch darauf aus, den zeitgenössischen Detektivroman auf den Arm zu nehmen, ebenso wie die Literaturwissenschaft: Er läßt den schottischen Gärtner von Lord Horton,
Macdonald, erklären, daß in dem für die Privataufführung geplanten
Stück allein elf Stellen vorkommen, in denen auf Shakespeares Kenntnisse der Gärtnerei hingewiesen wird.[11] Er läßt eine Diskussion zwischen Melville Clay, dem einzigen Berufsschauspieler, und den Lai-
endarstellern mit unterschiedlichen Kenntnissen des Bühnenwerkes
über die Feinheiten der elisabethanischen Theatertechnik zu.[12] Er
läßt den Hausherrn von Scamnum Court die Tatwaffe finden - und
zwar in einem Bühnenrequisit, Yorricks Schädel.[13] Am deutlichsten
wird die ironische Ader des Autors bei seiner zweiten Anspielung auf
Hercule Poirot, wobei sich Michael Innes einer Witzfigur bedient, die
man aus den Gesellschaftskomödien des vergangenen Jahrhunderts
kennt:

Mrs. Platt-Hunter-Platt attempted a discussion on the dangerous influence
of the cinema on the lower classes - so many films full of stuff that was a
standing incitement to crime.
    Nave injudiciously rallied her. "And what, my dear lady, of the play you
came to see? Does that not invite us to adultery, incest, parricide, fratricide,
murder, and revolution - to say nothing of going off our heads?"
    "But Shakespeare", said Mrs. Platt-Hunter-Platt, "Shakespeare was a
poet. And in my opinion the Duke should send for a detective."
    "A detective?", said Noel politely. "You mean a real detective - not like
the police?"
    "Exactly, a real detective. There is a very good man whose name I forget;
a foreigner and very conceited - but, they say, thoroughly reliable."[14]

Um seine Geschichte in vier Teilen der Lösung entgegenzutreiben,
bemüht Innes bei der Suche nach dem Tatmotiv eine Interpretation
von HAMLET, die im Gespräch zwischen dem Polizisten John Apple-

42

by und dem Regisseur Giles Gott erarbeitet und von der Erzählung Timothy Tuckers über die gemeinsame Zeit von Andrew Malloch und Ian Stewart an der Universität von Edinburgh untermauert wird. Malloch und Stewart haben als Erzrivalen gegolten, beide sind Anführer sich feindlich gesinnter Studentengruppen gewesen, wobei Malloch öfter den Kürzeren gezogen hat.[15]

"Giles, what would you say was the chief problem in *Hamlet*; the thing that one puzzles over when one begins to analyse the play?"

"I suppose one is chiefly troubled to account for Hamlet's delay in revenging himself upon King Claudius. There seems no reason for it. That was almost the first difficulty raised by early critics of the play. And it has been discussed ever since."

"Delayed revenge. [...] Now what if Lord Auldearn was murdered as he was murdered - right in the heart of *Hamlet* - in order to make a statement: 'Thus dies Lord Auldearn, by long-delayed revenge'? [...] I feel that Lord Auldearn's death and the play Hamlet may be in some way implicated with each other, and that the manner of death constitutes a statement, a statement intelligible and satisfactory to the murderer though necessarily enigmatic to us. And conceivably the statement is just this: 'At last, long-delayed revenge!'"[16]

Während Appleby und seine Leute nach handfesten Hinweisen fahnden, die zur Festnahme des Mörders von Lord Auldearn führen können, wird ein weiterer Mord begangen, und zwar an der einzigen Person, die den Mörder Ian Stewarts gesehen haben kann: Bose, der Souffleur. Er hat von seinem Platz aus Einblick in die hintere und vordere Bühne gehabt. Eine weitere Besonderheit des Shakespeareschen Dramas hat den Mörder begünstigt: Auldearn/Polonius hat sich genau so verhalten, wie man es von ihm in dieser Szene erwartet hat, er hat um Hilfe gerufen, als er seinen Mörder und dessen Absicht erkannt hat.[17] Aber auch ein fast unverzichtbares Element des Spionageromans[18] hilft John Appleby bei der Lösung des Rätsels, nämlich ein technisches Wunderwerk der Moderne, ein Vorläufer des Tonbandgerätes, Lieblingsspielzeug des Amerikaners Bunney, der die Tonwalze während der Aufführung von HAMLET mitlaufen läßt und so einen hörbaren, aber auch greifbaren Beweis in der Hand hält. Was Michael Innes in seinem außergewöhnlichen Beitrag zur Detektivliteratur ebenfalls gelingt, ist die Tatsache, daß im vierten und letzten Teil, dem Epilog, noch Spannung vorherrscht und der Leser die Erklärungsversuche der verschiedentlichen 'Detektive' bis zuletzt verfolgt. Zum Schluß raubt einem auch noch ein packendes Finale voller 'action' und Tricks den Atem, mit wilden Schießereien und mehreren Toten.

Freilich ist Michael Innes' *Hamlet, Revenge!* einer jener Kriminalromane, dessen Leserschaft eher unter der Bildungsschicht[19] zu finden ist, aber es ist auch denkbar, daß jemand aus der Kategorie der Kaum-Leser von diesem Roman angesteckt und dazu verleitet wird, ein weiteres Buch, warum nicht auch Shakespeares Werke, in die Hand zunehmen.[20]

Bildbetrachtung und Geschichtsunterricht

Die absolut erste Wahl unter Tausenden von Kriminalromanen aller Kategorien, vorgenommen im Jahr Hundert nach Christie[21] von Kriminalschriftstellern unserer Zeit, allesamt Mitglieder der englischen Crime Writers' Association, ist auf Josephine Teys *The Daughter of Time* aus dem Jahr 1951 gefallen. In *Hatchards Crime Companion*, von Susan Moody herausgegeben, der damals amtierenden Vorsitzenden der CWA, werden einhundert Romane aufgelistet: *Hamlet, Revenge!* ist auf Platz 68 gelandet, sechzehn Plätze hinter Michael Innes' *The Journeying Boy* von 1949.[22]

Den Titel hat Josephine Tey einem alten Sprichwort entnommen ('Truth is the daughter of time'), und die Geschichte ist ganz einfach: Alan Grant von Scotland Yard, Serienheld der Kriminalschriftstellerin Josephine Tey, liegt mit einem Beinbruch im Krankenhaus, langweilt sich maßlos, bis seine Freundin Marta, eine Schauspielerin, ihm ein Dutzend Postkarten von Porträts aus der Nationalgalerie mitbringt. Grant soll sich die Zeit damit vertreiben, denn er selbst rühmt sich für seine Fähigkeit, auf Anhieb den Bösewicht unter zwölf Personen zu erkennen, die bei einer Gegenüberstellung dem Zeugen vorgeführt werden. Eines der Postkartenporträts hat es Grant angetan:

It was the portrait of a man. A man dressed in the velvet cap and slashed doublet of the late fifteenth century. A man about thirty-five or thirty-six years old, lean and cleanshaven. Grant paused in the act of turning the thing over, to consider the face a moment longer. A judge? A soldier? A prince? He turned the portrait over to look for a caption. On the back was printed: *Richard the Third. From the portrait in the National Portrait Gallery. Artist unknown.*[23]

Dieses Bildnis fesselt Alan Grant so sehr, daß er jeden Besucher, aber auch die Schwester und den Arzt, nach seiner Meinung fragt. Sein Assistent Williams hält Richard III für einen Richter; die Krankenschwester meint, sie habe noch nie ein Gesicht gesehen, in dem so viel Leid steckt; der Arzt vermutet, der abgebildete Mann könnte an Polio erkrankt sein. Zweifel am überlieferten Bild des Königs, des Mörders, des Tyrannen tauchen auf. Grant erinnert sich, daß bislang niemand das wahre Schicksal der beiden Prinzen im Tower aufgeklärt hat, daß alle Welt die Schuld Richard III zuweist - aber ist dies das Gesicht eines Mörders?

Jetzt packt Alan Grant der detektivische Ehrgeiz, die Wahrheit über die beiden Neffen des Königs herauszufinden. Er läßt sich Geschichtsbücher ans Krankenbett bringen: zuerst das alte Schulbuch der Krankenschwester, dann schließlich Sir Thomas Mores *History of Richard III*, die 'Bibel' in Sachen Richard III. Er liest und sucht und findet schließlich mit Hilfe eines jungen amerikanischen Geschichtsstudenten, den Marta ihm zur Zerstreuung vorbeischickt, etwas Unerhörtes heraus:

He reached for More's *History of Richard III*. It had as preface a short life of More which he had not bothered to read. Now he turned to it to find out how More could have been both Richard's historian and Henry VIII's Chancellor. How old was More when Richard succeeded?
He was five.
When that dramatic council scene had taken place at the Tower, Thomas More had been five years old. He had been only eight when Richard died at Bosworth. Everything in that history had been hearsay. And if there was one word that a policeman loathed more than another it was hearsay. Especially when applied to evidence.[24]

Und dann muß Grant auch mit dem Vorurteil aufräumen, mit der Vorverurteilung Richard III während der letzten dreihundert, beinahe vierhundert Jahre, seit William Shakespeare seinen *RICHARD III* geschrieben und damit sein Bild von Richard III weitergegeben hat, das Bild eines Bösewichtes, eines Kindermörders. Shakespeares Quelle für seine Darstellung der Figur ist die Chronik von Holinshed, die wiederum auf Thomas More beruht. Im Gespräch mit dem jungen Amerikaner macht Grant seinem Ärger Luft, und der bemerkt ketzerisch:

That Shakespeare version of him, you know, that's just a caricature. Not a man at all.[25]

Die detektivische Beinarbeit im Britischen Museum leistet weiterhin der junge Brent, aber, wie dieser Grant gegenüber immer wieder betont, er trägt nur die Tatsachen zusammen. Das Geheimnis der Prinzen im Tower muß der Mann von Scotland Yard lösen. Grant und Brent lüften das Geheimnis am Ende, aber der junge Geschichtsforscher ist ganz niedergeschlagen: während Josephine Tey die Spannung über das ganze Buch hindurch aufrecht erhält, ob denn nun oder nicht Richard III ein Kindesmörder ist, lebt Brent von der Hoffnung, seine im Auftrag Grants gemachte Entdeckung als historische Sensation verkaufen zu können. Am Schluß stellt er aber betrübt fest, daß schon einige Historiker vor ihm dem Schwindel des Thomas More aufgedeckt haben. Das soll ihn aber nicht davon abhalten, meint Alan Grant, dennoch ein Buch über seine Forschungsergebnisse zu schreiben:

"Had you written any of the book before the awful knowledge of its unoriginality hit you?"
  "Yes, I'd done two chapters."
"What have you done with them? You haven't thrown them away, have you?"
"No. I nearly did. I nearly threw them in the fire."
"What stopped you?"
  "It was an electric fire."[26]

Mit dieser humorvollen Note klingt das spannende Buch allmählich aus, die Spannung läßt nach, Grant wird gesund und Brent schreibt an der Wiedergutmachung von Richard III. Im Gespräch mit Marta macht Alan aber noch einmal seinem Unmut über den unantastbaren Sir Thomas More Luft, wobei die Autorin an dieser Stelle zum wiederholten Mal ihren Hang zum Wortwitz unter Beweis stellt, indem sie das Pferdemotiv aus RICHARD III auf ihre Weise behandelt:

"Isn't the sainted Sir Thomas any good, then?"
  "The sainted Sir Thomas is nothing but an old gossip", Grant said with venom. He had taken a wild dislike to the much-admired More. "He was writing down in Tudor England what someone had told him about events that happened in Plantagenet England when he himself was five."
  "Five years old? Oh dear, not exactly the horse's mouth."

"Not even straight from the course. Come to think of it, it's as reliable as a bookie's tip would be."[27]

Josephine Tey hat in ihrem packenden Buch über die Figur Richard III und seine Zeit, über Geschichte, Geschichtsfälschung, über Wahrheit und Wahrheitsfindung die Handlung in der Vergangenheit, im späten Mittelalter, stattfinden lassen; die Aktionen der Gegenwart beschränken sich auf die ständigen Besuche am Krankenbett von Alan Grant und haben dadurch etwas Slapstickartiges an sich, was die komische Seite des Romans gekonnt unterstreicht. Erfolg hat dieser Spannungsroman (nicht nur bei den Mitgliedern der Zunft, was durch zahlreiche Nachdrucke und Neuauflagen belegt wird) auch deshalb, weil Josephine Tey bei ihren Lesern vorausgesetzt hat, daß sie auch Shakespeares RICHARD III gelesen haben, weil jeder sein verinnerlichtes Bild von König Richard III Shakespeare verdankt und deshalb - wie Grant, wie Brent - zum Denken, zum Umdenken gezwungen wird.

Schatzsuche und Schnitzeljagd

Wesentlich mehr 'action' im modernen Sinn bietet Edmund Crispin den Lesern seines Romans *Love Lies Bleeding*,[28] in dem Serienheld Gervase Fen Ersatzmann spielen und die Schulpreise beim Abschlußfest der Castrevenford School überreichen soll, weil der ortsansässige Adelige diesmal etwas Besseres vorhat. Aus dieser Nebenrolle wird aber sogleich die erste Geige, als es darum geht, zwei unerklärliche Morde innerhalb des Lehrkörpers der Schule aufzuklären, die beide mehr oder weniger gleichzeitig am Vorabend des Schulabschlußfestes begangen worden sind. Michael Somers wird in der Schule gefunden, eine häßliche Schußwunde im Kopf, Edward Love im Schreibtischsessel seines Arbeitszimmers zuhause, von derselben Waffe erschossen, wie es scheint. Zu allem Überfluß ist auch noch Brenda Boyce spurlos verschwunden, eine hübsche Sechzehnjährige, die in der gemeinsamen Produktion von Castrevenford School und der Castrevenford High School for Girls die Rolle der Katherine in Shakespeares HENRY V spielen soll. Ein kurzer Abschiedsbrief allerdings, eindeutig in Brendas Handschrift, erklärt, sie sei mit dem Mann ihrer Wahl davongelaufen.

"Heaven help the girl", said Fen rather grimly. "I don't believe in this elopement. [...] She's either been abducted or killed."

The Headmaster stared incredulously. "But why, my dear Gervase? It's incredible. I don't know what's going to happen about the play. I must tell Mathieson." The Headmaster hurriedly explained matters to him.

"Well, Headmaster", he said eventually, "the girl who is playing Isabella knows the part of Katherine. That means I shall have to spend the whole of tomorrow drumming Isabella's part into someone fresh ... Fortunately, there's very little of it."

The Headmaster agreed that this was indeed fortunate; he seemed almost inclined to congratulate Shakespeare on his prescience in the matter.[29]

Andere Merkwürdigkeiten komplizieren den Fall für Inspektor Stagge: im Chemielabor ist eingebrochen und Kupfersäure entwendet worden, und im Büro des Hausmeisters, der auch als Sportwart fungiert, fehlt eine Pistole vom Kaliber 38 sowie ein Schalldämpfer. Kein Wunder, daß niemand die tödlichen Schüsse gehört hat, obwohl beide am späten Abend gefallen sein müssen - das haben die Ermittlungen der Polizei ergeben.

Zwei weitere rätselhafte Anhaltspunkte finden Fen und Stagge, nämlich eine Notiz auf dem Schreibtisch von Edward Love an den Schuldirektor, in der Love Andeutungen macht, daß er zwei Kollegen bei einem Betrugsversuch ertappt hat. Auf dem Schreibtisch von Somers liegt ein interessantes Buch:

They found nothing helpful, though Fen took a fleeting interest in a book called *The Fourth Forger* which Somers had apparently been reading recently; it dealt largely with the fabrication of Shakespeare manuscripts.[30]

Ein Zusammenhang zwischen den enthüllenden Zeilen von Edward Love und der sehr speziellen Lektüre des zweiten Mordopfers, Somers, ergibt sich, wie so oft im Zuge polizeilicher Versuche, Verbrechen aufzuklären, durch Zufall. Zufällig wird ein Spaziergänger Zeuge des dritten Mordes von Castrevenford. Diesmal hat das Opfer weder mit der höheren Mädchenschule noch mit der Lehranstalt für Knaben etwas zu tun. Es handelt sich um die eigenbrödlerische Mrs. Bly, die in einem abgelegenen Bauernhaus lebt, das aus dem elisabethanischen Zeitalter stammt. Der Zufall will es, daß Gervase Fen, Professor für englische Literatur in Oxford und Amateurdetektiv mit wachsendem Ruhm, in der Kneipe von Castrevenford mit

Mr. Taverner ins Gespräch kommt, dem Mann, der in Mrs. Blys Bauernhaus erst kürzlich einen neuen Kachelofen eingebaut hat:

> "I was obliged to remove a number of bricks from the hearth. And what did I find? A cache, sir. [...] But, alas, there was no buried treasure - nothing, that is, except a locket and some bundles of old yellow papers. [...]"
> Fen was clutching the arms of his chair so tightly that his knuckles were white. "Can you describe these papers at all, Mr. Taverner?"
> "Undeniably they were old. Very old. Yellow, as I said, and eaten away at the edges. Both packets were in the same handwriting. One of them consisted of private letters, the other seemed to be some kind of poetry, though I confess I could make little of it, beyond the title."
> Fen leaned forward: "And that was?"
> *"Love's Labour's Won"*, said Mr. Taverner.[31]

Natürlich weiß Fen sofort, daß es um mindestens eine Million Pfund geht, daß die Briefe endlich Aufklärung über 'The Dark Lady Of The Sonnets' bieten könnten, daß der Verbleib des verschwundenen Stückes *Love's Labour's Won* nicht länger ein Rätsel für die Fachwelt bleiben würde und daß die handgeschriebenen Briefe auch eine endgültige Ausgabe des Gesamtwerkes von Shakespeare erlauben würden. Schon hier, in Bruce Montgomerys bereits 1948 erschienenem Buch, finden wir das immer wiederkehrende Motiv des modernen Kriminalromans, nämlich die Bildungslücke bei den Vertretern der Polizei, die von Amateurdetektiven mit Literaturkenntnissen oder anderen, beleseneren Personen geschlossen werden müssen:

> "Perhaps you'd explain, sir. I'm not well up in these things. Can't get on with Shakespeare, to tell you the honest truth."
> "Well", [Fen] said, "it's like this. There are only four certain examples of Shakespeare's handwriting in existence, all of them signatures: three on the will and one on a piece of evidence given at a lawsuit in 1612."
> Stagge nodded. "I see, sir. So a complete play in Shakespeare's own handwriting -"
> "Exactly. I believe that in America there are people who'd give a million for it. And that's not all. That's only point number one."
> Stagge gazed intently at the tip of his cigarette: "Go on, sir!"
> "The name of this particular play is *Love's Labour's Won*."
> "Ah, yes, sir. I fancy I was made to read it at school. About some men who settle down to study for a year and are put off it by some girls. Didn't seem to come to much, in the end."[32]

Der Englischprofessor klärt den Superintendenten zunächst darüber auf, daß er in der Schule das Stück *Love's Labour's Lost* gelesen haben muß, stimmt ihm aber insgeheim zu und erklärt Stagge weitere Folgen, die dieser Fund für die Shakespeareforschung haben könnte, bis auch Stagge davon überzeugt ist, daß in *Love's Labour's Won* das Motiv für die drei, wahrscheinlich sogar vier Morde zu suchen ist. Die Briefe und das Manuskript sind zwar verschwunden, aber das Amulett mit einem Porträt darauf, von dem Taverner gesprochen hat, ist in der Schürzentasche von Mrs. Bly gefunden worden. Diese Miniatur stammt nach Fens Ansicht eindeutig aus dem späten sechzehnten Jahrhundert. Stagge fragt sogar ehrfürchtig, ob das womöglich ein Bildnis des Barden sein könnte. Fen räumt diese Möglichkeit durchaus ein, schließlich liegt Castrevenford nur vierzehn Meilen von Stratford-upon-Avon entfernt:

"Not much like the other pictures of him I've seen, though."
"No. He's younger in that, of course, than in the Stratford bust and the Droeshout engraving, where he looks like nothing in the world but a pig. [...] Those letters might have explained everything in the sonnets ... Did that fiend of a woman really burn them, I wonder? And who was living in that cottage in the last ten years of the sixteenth century? A beautiful girl, I like to think, for when he got tired of Anne. A fancy lady. He would have been twenty-nine in 1593 ..."
But Stagge declined to embark on this sea of hazy conjecture.[33]

Völlig in Übereinstimmung mit seiner Rolle als nüchterner Mann des Gesetzes, lehnt Stagge es ab, literarische Spekulationen anzustellen, aufgrund von Hinweisen aus der Literatur Nachforschungen anzustellen. Jetzt gilt es, das Mädchen zu finden, den Mörder zu stellen und ihm seine Verbrechen zu beweisen. Hier läßt die Polizei dem Professor den Vortritt. Fen bittet Stagge, ihm bis Mitternacht Zeit zu geben, das Rätsel zu lösen und die Beweise für seine Theorie herbeizuschaffen, eine Theorie, die er bereits seit einiger Zeit aufgestellt hat. Wieder kommt Fen der Zufall zu Hilfe, oder vielmehr seine Bekanntheit als Amateurdetektiv. Eine Freundin der verschwundenen Brenda Boyce verrät ihm von einem Spiel, das sie mit Brenda einmal gespielt hat, zeigt ihm die Stelle im Wald von Castrevenford, wo sie damals gespielt haben. Weil aber die Dunkelheit hereinbricht, benutzt Fen eine Taschenbibel mit fünfzehnhundert Seiten, um Spuren zu legen, genau wie bei einer Schnitzeljagd.

Die Falle im Wald klappt ganz gut, bis auf die betrübliche Tatsache, daß der mehrfache Mörder entkommen und erst bei einer abenteuerlichen Verfolgungsjagd mit vier Autos über die nächtlichen Landstraßen gestellt werden kann, wobei Edmund Crispin mit der Wahl seiner Automarken bestimmt einen kleinen Seitenhieb auf Dorothy Sayers, Peter Wimsey und dessen Edelkarosse geführt hat.[34] Ganz zuletzt aber kann es sich Gervase Fen nicht verkneifen, noch einmal in seinen gelernten Beruf als Professor für englische Literatur zu schlüpfen und eine Theorie darüber aufzustellen, wie die Briefe und das Manuskript von *Love's Labour's Won* in die Bauernhütte von Mrs. Bly gelangt sind:

"I still postulate a young woman who demanded from her lover a sample of his work, and was fobbed off with this. The letters might have told us ... but now, God alone knows. One of the most melancholy things in life is the fact that there's not a single aspect of Shakespeare on which everybody agrees... I've always sympathised deeply with that critic who after years of labour on the problem presented by the sonnets, publicly expressed the wish that Shakespeare *had never written them*."[35]

Anmerkungen

1 Gleichzeitig in England und den USA als gebundene Ausgabe veröffentlicht; 1961 als Penguin Taschenbuch, 1989 in sechster Auflage! Die deutsche Übersetzung hat allerdings lange auf sich warten lassen - bis 1987, erschienen bei Ullstein.

2 J(ohn) I(nnes) M(ackintosh) Stewart ist am 30. September 1906 in Edinburgh geboren. Er hat englische Literatur an der Universität Leeds unterrichtet, ist 1935 nach Australien gegangen und bis 1945 an der Universität von Adelaide geblieben. 1946 hat er einen Ruf nach Belfast angenommen, hat eine Professur in Washington, Seattle, erhalten und schließlich in Oxford Vorlesungen über englische Literatur gehalten. Zu seinen literaturkritischen Werken zählen *Character and Motive in Shakespeare* (1949) sowie Monographien über *Rudyard Kipling* (1966), *Joseph Conrad* (1968) und *Thomas Hardy* (1971).

3 Zum Beispiel Marianne Moore, Ezra Pound, André Breton, et al. Besonders spitzfindig sind seine Hinweise auf Mitbewerber im Krimibereich: eine Figur des Romans heißt Gervase Crispin, und Innes spielt damit auf den ebenfalls unter einem Pseudonym schreibenden Robert Bruce Montgomery und dessen Detektiv an: Edmund Crispin und Gervase Fen. Ein

weiteres, raffiniertes Beispiel seiner Zitierkunst liefert Michael Innes, als er Agatha Christie und Dorothy Sayers ins Spiel bringt, und zwar im Gespräch zwischen seinem Serienhelden John Appleby und Giles Gott (ironischerweise ein Literaturprofessor, der Kriminalromane schreibt): "Just cast about the floor, Giles, for the stub of the unique cigarette or the accidentally dropped scarab". (p. 118). Siehe Dorothy L. Sayers, *Murder Must Advertise* (1933): Tatwaffe ist eine Schleuder, bestückt mit einem Scarabäus von der Größe eines Kieselsteines! An anderer Stelle ist Hercule Poirot zu erkennen: "Order", Appleby said, "method: the little grey cells!" (p. 153).

4 Antje Wulff, "Die Spielregeln der Detektiverzählung", pp. 81-95, in Becker/Buchloh, *Der Detektivroman*. Für das Goldene Zeitalter hat die Regeldebatte ihre Berechtigung. Es ist dagegen nicht verwunderlich, daß Antje Wulff auf ihre Anfrage nach neueren, heute gültigen Regeln (beispielsweise des Detection Club) negative Antworten erhalten hat. Der moderne Detektivroman läßt sich keinem Regelwerk unterordnen, obwohl das Gebot zur Fairness gegenüber dem Leser auch heute noch eingehalten wird.

Simon Brett, der englische Kriminalschriftsteller, hat sich mit den 1924 von R. A. Knox aufgestellten Regeln in der Festschrift zum Bouchercon XXI (London, 1990) auseinandergesetzt und eingeräumt, daß einige der klassischen Regeln des Detektivromans noch heute gelten. "Taking The Knox", *Bouchercon 21* (London, 1990), p. 8.

5 Prologue, Development, Denoument, Epilogue. Jeder Abschnitt ist mit einem Motto aus HAMLET versehen. Durch die Vierteilung des Romans könnte Innes auch die Diskussion über die Verdienste des Drei- oder Fünfakters bei Shakespeare ein wenig angeheizt haben, auf amüsante Art.

6 *Hamlet, Revenge!*, p. 74.

7 "Mr. John Appleby of Scotland Yard was at the theatre. Being the new sort of policeman, he was at the ballet, waiting for *Les Présages*. Being paid the old sort of wage, and having the most modest of private fortunes, he was sitting in what his provincial childhood had known as the Family Circle." (p. 77).

8 *Hamlet, Revenge!*, p. 80.

9 Michael Innes gibt Lord Auldearn, dem Mordopfer, seinen Namen und damit für den findigen Leser seine Pseudonymität preis!

10 Howard Haycraft beschränkt in seinem 1968 überarbeiteten Werk *Murder For Pleasure* das Goldene Zeitalter zwar auf die Zeit von 1918 bis 1930, also auf den Zeitraum zwischen dem Ende des Ersten Weltkrieges bis 1930. Gerade der Zweite Weltkrieg aber hat den klassischen Kriminalroman so sehr verändert, daß ich meine, man müßte das Goldene Zeitalter bis zum Beginn dieses Krieges ausdehnen, also bis 1939, falls nicht gar bis zum Kriegseintritt der Vereinigten Staaten.

Siehe auch Jens P. Becker, "'The Golden Age of the Detective Novel': Formen des englischen Detektivromans zwischen 1914 und 1939", pp. 69-80, in Becker/Buchloh, *Der Detektivroman* (Darmstadt, [2]1978). Siehe auch Eberhard Späth, *Der britische Kriminalroman*, p. 76: "Das 'Goldene Zeitalter' des britischen Detektivromans war die Zeit zwischen den beiden Weltkriegen ..." oder Susan Moody in der Einleitung zu *Hatchards Crime Companion*, (London, 1990), p. xiv: "And the Golden Age: where does that start ... or end? For our purposes we proposed that it started in 1914 and ended in 1939."

11 *Hamlet, Revenge!*, p. 14.

12 *Hamlet, Revenge!*, p. 50.

13 *Hamlet, Revenge!*, p. 94.

14 *Hamlet, Revenge!*, pp. 183 f.

15 "Well, Ian Stewart and David Malloch were twin topboys from the start, [...] and they were rivals , and enemies. [...] There were two factions: the Jacobites, supporting Stewart; and the Mallets." (p. 180).

16 *Hamlet, Revenge!*, p. 187. Innes, der von HAMLET mehrfach als einer 'show of violence' spricht, hat dem Stück aber auch eine andere Seite abgewonnen, wie Jane Bakerman in ihrem Aufsatz "Advice Unheeded: Shakespeare In Some Modern Mystery Novels", *The Armchair Detective* 14/2 (1981), pp. 134-139, hervorhebt und mit einem Zitat belegt:

"Innes makes clear to his readers that among many, many other things, Hamlet is a play about statecraft; after all, the throne of Denmark and the nation's fate have been called into question because of the problem of succession:

'...the play showed itself as turning predominantly from first to last on Statecraft. And it was the statesmen who were important; on the one side the dispossessed Hamlet; on the other Claudius and Polonius.'"

17 "In those agonized seconds in which Auldearn recognized his attacker [...] he would be helpless. He might cry out for assistance - and not a soul in all the hall would take it to be other than as Polonius that he was calling. 'What, ho! Help! Help! Help!'. That, structurally, was why the murder occurred where it did in *Hamlet*." (p. 246).

18 Kein Spionageroman kommt ohne modernste Kommunikationsmittel aus, und Innes hat neben der 'black box' von Dr. Bunney auch noch ein weiteres Werkzeug von Geheimagenten auftauchen lassen, nämlich 'a small camera'! (p. 137).

19 Eberhard Späth, *Der britische Kriminalroman*, pp. 2 f:

"Der Kriminalroman ist keine typische Massenliteratur, sondern oft für einen überdurchschnittlich gebildeten Leser geschrieben. [...] Dem steht das unbestreitbare Vorhandensein sehr vieler anspruchsloser Krimis gegenüber, die ebenfalls zahlreiche Leser finden. Er ist ein Genre, in dem sich beinahe das ganze qualitative Spektrum der heutigen Literatur verwirklicht. Seine Konsumenten rekrutieren sich aus Kreisen belesener Litaraturkenner und aus jenen, die die Statistik gerade noch als Buchleser führt."

20 Für diese sicherlich schwer zu beweisende Vermutung gibt es glücklicherweise einen kriminalliterarischen Beleg bei Ruth Rendell. In ihrem Buch *Make Death Love Me* (London, Hutchinson 1979), dessen Titel ANTONY AND CLEOPATRA entlehnt ist, liest der traurig-komische Antiheld Alan Groombridge immer nur Kriminalromane, seit er eine Lesckarte für die Stadtbücherei besitzt:

"He read a thriller in which a piece of poetry was quoted. Until then he had despised poetry as above his head and something which people wrote and read to show off. But he liked this poem, which was Shakespeare's sonnet about fortune and men's eyes and lines from it kept going round and round in his head. The next time he went to the library he got Shakespeare's Sonnets out and he liked them, which made him read more poetry and, gradually, the greater novels that people call classics." (p. 26).

Das in Alans Krimi wiedergegebene Sonett ist übrigens nach Dover Wilson die Nummer 14.

21 Agatha Christie ist am 15. September 1890 geboren.

22 Susan Moody, Herausgeber, *Hatchards Crime Companion* (London, Hatchards 1990). Für Neugierige möchte ich wenigstens die ersten zehn der Liste aufzählen:

The Daughter of Time, Josephine Tey (1951)
The Big Sleep, Raymond Chandler (1939)
The Spy Who Came In From The Cold, John LeCarré (1963)
Gaudy Night, Dorothy Sayers (1935)
The Murder of Roger Ackroyd, Agatha Christie (1926)
Rebecca, Daphne du Maurier (1938)
Farewell My Lovely, Raymond Chandler (1940)
The Moonstone, Wilkie Collins (1868)
The Ipcress File, Len Deighton (1962)
The Maltese Falcon, Dashiell Hammett (1930)

23 *Daughter*, pp. 26/27.

24 *Daughter*, p. 71. Thomas Mores *History of Richard III* ist unvollständig 1543, vollständig 1557 gedruckt worden.

25 *Daughter*, p. 83. Josephine Teys Roman hat wohl zum ersten Mal in der Geschichte der Kriminalliteratur einen zweiten, einen Gegendarstellungsroman, herausgefordert. Geschrieben hat ihn der Historiker Guy Townsend 1985 unter dem Titel *To Prove A Villain* mit der Absicht, Josephine Teys These zu widerlegen. In der Ausgabe 20/4 (1987) von *The Armchair Detective* zieht David Allen den Schluß:

"Tey was wrong and Townsend was right. Richard was the villain Shakespeare had painted. There can be no doubt that Richard III murdered the two little princes!" Siehe den Artikel 'Richard III: Trial By Jury', pp. 403 ff.

26 *Daughter*, p. 181.

27 *Daughter*, p. 76. Der Hilferuf Richards nach einem Pferd hat auch den Titel für einen Kriminalroman von Craig Rice aus dem Jahr 1956 geliefert: *My Kingdom For A Hearse.*

28 Edmund Crispin, Pseudonym für Robert Bruce Montgomery, *Love Lies Bleeding* (1948; Mysterious Press 1988). Das Buch ist auch in deutscher Sprache beliebt und sowohl 1960 als auch 1985 wieder als Taschenbuch erschienen; allerdings verrät der deutsche Titel *Mit Geheimtinte* schon zu viel. Siehe Klaus-Dieter Walkhoff-Jordan, *Bibliographie der Kriminalliteratur 1945-1984* (Berlin, Ullstein 1985) sowie den Folgeband *1985-1990* (Berlin, Ullstein 1991).

29 *Love Lies Bleeding*, p. 38.

30 *Love Lies Bleeding*, p. 84.

31 *Love Lies Bleeding*, pp. 108 f.

32 *Love Lies Bleeding*, pp. 116 f.

33 *Love Lies Bleeding*, p. 122.

34 Fen fährt 'a small red sports car of exceptional stridency and raffishness', einen Lily Christine Mark III. Bei der Verfolgungsjagd kommen Fen Zweifel, ob sein Lily mit einem Auto Schritt halten könnte, das sehr einem 'Hispano-Suiza' ähnelte (p. 166).

35 *Love Lies Bleeding*, p. 199. Diesen Stoßseufzer können sicherlich viele Shakespeareforscher nachempfinden. Ich kann nicht sagen, welcher Literaturkritiker hier gemeint ist, aber ganz sicher wird T. S. Eliot an anderer Stelle verulkt (p. 118).

VIERTES KAPITEL

Motivsuche und Pflanzenkunde

Nach Art der klassischen englischen Schule verlegt June Thomson die Handlung ihres Romans *Vorhang auf zum Totentanz*[1] aufs Land. Schauplatz ist Morton Grange, eine private Mädchenschule. Dort werden in den Sommerferien Kurse über kreatives Schreiben, modernes Drama, expressives Tanzen angeboten. Die Leitung des Unternehmens hat Bernard Livesey, ein unbedeutender Lehrer und Schriftsteller, der früher einmal einige Gedichtbändchen veröffentlicht, sich jetzt aber in die Rolle des Kritikers geflüchtet hat, wenn auch mit beachtlichem Erfolg. Zur kleinen Truppe in Morton Grange zählen Harriet Wade, Jake Nolan und Ronald Arnott. Daneben gehören zu der (geschlossenen) Gesellschaft noch der Gärtner, George Burton, die Köchin, Joyce Yarwood, sowie deren Hilfe, Mrs. Soames, und die angereisten 'Schüler'.

Verwickelt ist die Ausgangslage schon deshalb, weil Harriet im vergangenen Sommer eine Affäre mit Jake gehabt hat, dessen langjährige Geliebte aber Joyce ist, die ihn ständig anhimmelt, der aber andererseits auch mit einem der Seminarteilnehmer, Leon, enge Beziehungen unterhalten hat. June Thomson benutzt die beiden streitenden Liebhaber, um das Thema Liebe, Treue, Leidenschaft, aber auch das Thema Rache einzubringen, gleichzeitig jedoch entführt sie uns in die Theaterwelt Shakespeares, spielt auf ROMEO UND JULIA an:

> Von der Galerie ertönten plötzlich laute Stimmen. Es war wie die Vorstellung eines vorsintflutlichen Theaters, in dem die beiden Darsteller, Jake und Leon, eine leidenschaftliche Balkonszene spielten, derweil unten die Zuschauer mit offenem Mund die Hälse reckten. Nur daß der Text nicht von Shakespeare war.[2]

Das mehrgeschlechtliche Dreiecksverhältnis allein schon gibt ein gutes Motiv für den Mord an Jake ab, der zudem noch im neuen Sommerkurs eine weitere Eroberung macht (damit die Mördersuche für den Leser und Scotland Yard nicht ganz so einfach wird). Harriet und Steve, ein Kursteilnehmer, finden Jake im Swimmingpool, aber nicht nur seine Leiche, sondern noch etwas, was eigentlich nicht in den Swimmingpool gehört:

> [Harriet] sah die rechte Hand, die Finger zur Faust geballt und um einen kleinen Zweig geklammert, den sie [...] erkannte. Jake war tot, aber ein Unfall war es nicht. Und plötzlich gingen ihr Ophelias Worte durch den Sinn. Ohne zu überlegen, als wären sie eine passende Grabschrift, zitierte sie:
> *"Da ist Rosmarin, und das ist zum Gedenken."*
> Dann rannte sie über den Rasen auf die Lichter von Morton Grange zu, ohne auf die Frage zu achten, die Steve ihr nachrief:
> "Rosmarin? Warum Rosmarin, Harriet?"[3]

Dieselbe Frage stellt sich, wenngleich leise, wenig später auch Chefinspektor Jack Finch und, noch etwas später, wieder einmal bei einer eilig von ihm einberufenen Konferenz, Bernard Livesey:

> "Rosmarin? Ich begreife nicht, warum jemand Nolan ermorden und dann Rosmarin ins Wasser werfen sollte."
> Zu Harriets Überraschung war es Arnott, der mit der Erklärung kam. *"Hamlet"*, sagte er nur. "In der Wahnsinnsszene. Bevor Ophelia Selbstmord begeht, teilt sie Blumen und Kräuter aus. Wie heißt es nur gleich? 'Rosmarin, das ist zum Gedenken.' So etwas Ähnliches. Sie ist ebenfalls ertrunken."[4]

Ebenso wie schon Sheila Radley, greift June Thomson in ihrem zehn Jahre später erschienenen Roman mit dem Originaltitel *Rosemary For Remembrance* das Motiv der unbelesenen, ungebildeten Polizei wieder auf, wieder am Beispiel von Shakespeares HAMLET. In der Bibliothek von Morton Grange nimmt Harriet während ihrer Befragung durch Chefinspektor Finch den entsprechenden Band mit Shakespeares Tragödien aus dem Bücherregal und liest die betreffende Textstelle vor. Finch, doch nicht so völlig ohne Kenntnisse des Klassikers, stellt die Parallele zwischen Jakes und Ophelias Tod in Frage:

> *"Da ist Rosmarin, und das ist zum Gedenken; ich bitt euch, mein' Lieb, gedenket mein! Und da sind Vergißmeinnicht, die sind für die Treue."*
> "Ophelia wurde nicht umgebracht, Miss Wade, sie beging Selbstmord."
> "Sie ging ins Wasser. Und Jake wurde im Swimmingpool gefunden. Das schien mir bezeichnend. Und dazu hatte er diesen Rosmarinzweig in der Hand. Es kommt mir vor wie beabsichtigt."

"Sein Tod oder daß er Rosmarin in der Hand hatte?"

"Beides."

"Ich verstehe. Wissen Sie, ob irgendwo in der Nähe des Swimmingpools Rosmarin wächst?"[5]

Wie Douglas Quantrill, so kehrt auch Jack Finch lieber auf den Boden der Tatsachen zurück, sucht nach greifbaren Spuren, zum Beispiel nach einer Stelle auf dem ziemlich großen Anwesen, wo Rosmarin wächst. Finch, ein beharrlicher, aber unauffälliger Vertreter seiner Zunft, findet die entsprechende Stelle auch, wird aber in seinen Ermittlungen dadurch nicht weiter gebracht. Im Gegenteil, die polizeilichen Ermittlungen müssen um einen zweiten Fall von Mord oder Selbstmord erweitert werden, denn einer der Kursteilnehmer, Frank Goodyear, wird tot in seinem Auto gefunden, und zwar in einer der Garagen von Morton Grange. Unter seinen Füßen findet die Polizei 'irgendeine Pflanze', bei der es sich jedoch, wie sich sogleich herausstellt, um Vergißmeinnicht handelt.

Der Zusammenhang mit *Hamlet* war da. Der Rosmarin und der Tod durch Ertrinken, was der Polizeiarzt allerdings noch bestätigen mußte. Nur war in dem Theaterstück das Opfer ein Mädchen, Ophelia, und der Tod Selbstmord. In Jake Nolans Fall war es Mord. Und in Goodyears Fall war der Zusammenhang noch schwächer, trotz der Vergißmeinnicht. Auch gab es für Vergiftung durch Kohlenmonoxyd keine Parallele bei Shakespeare.[6]

Die Ernsthaftigkeit, mit der Finch überlegt, inwieweit die vorliegenden Fälle etwas mit HAMLET zu tun haben könnten, wird mit dem Gedanken an das Kohlenmonoxyd natürlich schon früh ins Lächerliche gezogen, aber die sogenannte *Hamlet-Verbindung* wird noch einmal aufgegriffen. Inspektor Finch lehnt eine Einladung seines Assistenten zum Abendessen ab, weil er HAMLET noch einmal lesen will. Zum letzten Mal hat er das Stück von Shakespeare während der Schulzeit gelesen, und wegen der *Hamlet-Verbindung* will er mit Harriet Wade sprechen, ohne daß sein Assistent zugegen ist, denn der ist von der *Hamlet-Idee* überhaupt nicht überzeugt.[7] Finch konfrontiert Harriet anderntags mit seinen aufgefrischten Shakespeare-Kenntnissen und mit dem Wissen um Harriets Beziehung zum Mordopfer Jake Nolan. Finch weiß auch, daß Harriet von der Liebschaft zwischen Jake und Joyce Yarwood gewußt hat. Harriet gibt dem Chefinspektor gegenüber zwar zu, wütend darüber gewesen zu sein, aber nicht so sehr, um Jake umzubringen.

Das war es genau, was Finch gedacht hatte, und auch, daß eher Harriet Wade als Joyce Yarwood die Entschlußkraft besessen hätte, sich an Nolan für seine Treulosigkeit zu rächen. [...] Die Anspielung auf *Hamlet* würde ebenfalls zu ihr passen.
"Sie sind also nicht wie Ophelia, Miss Wade, die ein gebrochenes Herz zur Verzweiflung trieb?"
"Wegen Jake wäre ich bestimmt nicht ins Wasser gegangen oder hätte Blumen ausgeteilt", erklärte sie absichtlich humorvoll.
"Wahnsinn. Das ist eines der Themen dieses Stückes, meinen Sie nicht?"
"Eines davon."
"Und Rache ist ein anderes?"
"Ja. Kennen Sie die Stelle: *Ich bin sehr stolz, rachsüchtig, ehrgeizig?* Aber warum fragen Sie? Suchen Sie ein Motiv?"[8]

Die zeitgenössische Schriftstellerin June Thomson wirft aber in ihrem Kriminalroman nicht nur mit Zitaten aus HAMLET um sich und setzt die Blumensprache Ophelias ein, um den Ermittler (und damit den Leser) auf die falsche Fährte zu setzen, sie bedient sich, wie schon Dick Francis in *The Edge*, eines dramatischen Mittels des klassischen Stückeschreibers und Dichters Shakespeare, nämlich des Spiels im Spiel. Weil Jack Finch gewissenhaft jedem auch noch so kleinen Hinweis nachgeht, der ihm das Motiv für den Mord oder Selbstmord Frank Goodyears liefern könnte, durchsucht er mit seinem Assistenten auch die Wohnung des verstorbenen Kursteilnehmers, und findet einen Zeitungsausschnitt im Schreibtisch Goodyears, der vom Herbst des vergangenen Jahres stammt:

TRAGISCHER TOD EINES MÄDCHENS
Eine Depression nach Verlust ihres Arbeitsplatzes trieb Rosemary Goodyear dazu, sich das Leben zu nehmen. Die Leiche der dreiundzwanzigjährigen Miss Goodyear schwamm in der Nähe von Willis Street im Kanal, wo sie am Sonntag, dem 2. Oktober gesehen wurde. Gerichtsarzt Rowe stellte Tod durch Ertrinken fest.

"*Rosemary!* Und sie war Goodyears Tochter ..."
"... und beging Selbstmord durch Ertrinken", ergänzte Finch den Satz [seines Assistenten]. "Aber wir brauchen noch eine ganze Menge Beweise, bevor wir ihren Tod mit Nolans Ermordung in Zusammenhang bringen können. Wir wissen gar nicht, ob sie ihn überhaupt gekannt hat."

"Aber der Rosmarin im Swimmingpool. Es muß einen Zusammenhang geben."[9]

Der besteht natürlich, denn wie Finch weiter herausfindet, hat Rosemary unter dem Namen Patti Raynor an einer kleinen Schauspielbühne gearbeitet - zusammen mit Jake und Leon. Während Jack Finch schon glaubt, die beiden Fälle von Morton Grange der Lösung nahegebracht, falls nicht gar gelöst zu haben, ist es wiederum Harriet Wade, die eine weitere Leiche entdeckt. Diesmal ist es Bernard Livesey, der Leiter der Sommerakademie, der umgebracht worden ist, und zwar auf ganz besonders HAMLET-spezifische Weise. Harriet will Bernard in seinem Büro aufsuchen, weil er zu einer von ihm anberaumten Krisensitzung (wie sollen die Kurse aufrecht erhalten werden, können die Schulgelder zurückbezahlt werden, gibt es einen nächsten Sommerkurs) nicht erschienen ist.

Als sie zum Schreibtisch trat, sah sie, daß etwas Großes, Bündelartiges hinter dem Vorhang unter dem Fenster an der Wand lag und die Falten des Stoffes ausbuchtete. Aber es war ein Bündel von einer bestimmten Form und von dem ein dunkler Steifen über den Parkettboden zum Griff eines Messers führte, das am Rande des Teppichs lag.
Ja, der Geheime Rat da ist nun sehr still, geheim, ja würdig gar.
Hamlets Worte an die Königin, nachdem er Polonius, der hinter dem Wandvorhang versteckt war, mit dem Schwert durchbohrt hatte, gingen ihr durch den Kopf.[10]

Bernard ist tatsächlich durch den Vorhang hindurch erstochen worden, wie Polonius, aber der Mann von Scotland Yard ist inzwischen trotz dieser heftigen Hinweise auf Shakespeares Stück zu der Überzeugung gelangt, daß es eben doch keine *Hamlet-Verbindung* gibt. Die ins Schwimmbecken geworfenen Rosmarinzweige haben etwas mit dem Namen Rosemary zu tun, die Vergißmeinnicht unter dem Schuh von Frank Goodyear sind absichtlich dorthin gelegt worden, um vom Selbstmord des Vaters von Rosemary abzulenken und künstlich die Verbindung zu HAMLET herzustellen. Wie sich herausstellt, ist auch die besondere Methode, mit der Bernard umgebracht worden ist, vom Mörder absichtlich angewendet worden, um die Polizei weiter mit dem *Hamlet-Gedanken* zu beschäftigen, auf die falsche Spur zu führen. Chefinspektor Finch klärt Harriet schließlich darüber auf, weil diese bis zuletzt an der Hamlet-Verbindung festhält.

"Er wurde durch den Vorhang erstochen, nicht wahr?" Wie Polonius?" Sie lachte kläglich, den Tränen nahe. "Was haben Sie diesmal gefunden? Noch mehr Rosmarin? Oder war es Raute, das Sonntagsgnadenkraut? *Aber ihr müßt eure Raute mit Abzeichen tragen.*" "Miss Wade, es gibt keine *Hamlet*-Verbindung. Aber das Motiv bleibt dasselbe. Rache." "Und Stolz. Und Ehrgeiz."[11]

Anders als in HAMLET, wo der Sohn den Vater rächt, rächt sich in June Thomsons Kriminalroman der Vater für seine Tochter und nimmt sich danach das Leben, wie seine Tochter. Für Frank Goodyear hat das Leben jeglichen Sinn verloren, nachdem er seine Rachepläne durchgeführt hat. Frank ist schon vor dem Freitod seiner Tochter Witwer geworden und hat nun keinerlei Bindung an das Leben mehr. Rache ist sein Motor gewesen, der ihn nach Morton Grange geführt hat, der, um im Bild zu bleiben, auf eigenen Wunsch in einer Garage zum Stillstand gekommen ist. Aber wie Harriets Antwort auf Chefinspektor Finch hervorhebt, hat Shakespeare in HAMLET noch andere Motive zur Geltung gebracht. Eines davon ist für den dritten Mord à la HAMLET verantwortlich.

Verwandtschaft und Vergangenheit

Obwohl in Kate Wilhelms erstem Kriminalroman mit dem Gespann Constance Leidl (promovierte Psychotherapeutin) und Charlie Meikljohn (ehemaliger Polizist bei der Mordkommission von New York, jetzt Privatdetektiv) nichts von Shakespeare gespielt wird, spielt er eine große Rolle, wie der Titel auf Anhieb verrät: *The Hamlet Trap* heißt das 1987 erschienene Buch der bereits als Autorin von Science-fiction-Romanen bekannten Amerikanerin.[12] HAMLET, MACBETH, ROMEO UND JULIA, TROILUS UND CRESSIDA sind die Stücke, die im Laufe der verzwickten Geschichte wiederholt erwähnt, diskutiert, gelesen werden, die Hinweise auf Täter und Motive, Vorgänge in der Vergangenheit liefern.

In dem kleinen Städtchen Ashland in Oregon findet alljährlich eine Theaterwoche statt, seit Roman Cavanaugh das private Harley Theater gekauft hat. Es steht in der ungeschriebenen Satzung des Theaters, daß Shakespeare nicht aufgeführt wird, das geschieht praktisch nebenan beim Oregon Shakespeare Festival, das zur gleichen Zeit stattfindet wie die Veranstaltung für Nachwuchsdramatiker am kleinen Harley Theater. Der Theaterwoche geht ein Wettbewerb voraus, das nach Ansicht der Jury beste Stück wird ausgesucht, der glückliche Stückeschreiber eingeladen und sein Werk von Profis auf die Bühne gebracht. Ginnie, die Nichte des Theaterbesitzers, entwirft das Bühnenbild, ein namhafter Regisseur setzt das Stück um; wenn es nicht ganz und gar ein Reinfall bei der Uraufführung wird, ist der Erfolg für den jungen Autor gesichert.

Diesmal ist der Gewinner des Wettbewerbs eine Frau um die fünfzig, nicht gerade eine 'Nachwuchsautorin', die sich Sunshine nennt und aus den Karten lesen kann. Der namhafte Regisseur, Gray Wilmot, hat ihr Stück gegen die harte Konkurrenz, gegen den Mehrheitswillen der Jury unter Vorsitz von Ro Cavanaugh durchgeboxt und die ganze Mannschaft des Harley Theaters geht daran, Sunshines Stück zu produzieren. Sunshine selbst fällt allen auf den Wecker, stöbert überall im Theater herum, steht den anderen im Weg. Bei einer Besprechung im Büro von Ro kommt das auf den Tisch:

Ro looked unhappy. "I marched her around the theater, showing her what's off limits, where she's allowed to go. She wanted to go below and see the trapdoor mechanism."

"What trapdoor?" Peter asked.

"A lot of theaters used to have a single trapdoor on stage," Ginnie said. "They called it the Macbeth Trap, for Banquo's ghost to make his appearance and disappearance."

Ro snorted. "Where'd you hear that? It's the Hamlet Trap. That's where they bury Ophelia."

Ginnie flushed. "I don't believe you. It's the Macbeth Trap. Everything I've ever read about it says that."

"Well, honey, I think you read the wrong things."[13]

Im Theater fliegen im Team schon einmal die Fetzen, dennoch arbeiten alle weiter fieberhaft auf die Premiere von Sunshines Stück hin. Ginnie entwirft ein Bühnenbild nach dem anderen, ist unzufrieden, bis ihr der rechte Wurf gelingt und sie dafür die Bestätigung ihres Freundes Peter erhält. Es ist mitten in der Nacht, es regnet in Strömen, aber bevor sie mit ihm zu einem verdienten Wochenendausflug aufbrechen kann, müssen die Skizzen noch auf Ros Schreibtisch im Theater. Peter, der mit der Theaterwelt nichts zu tun hat, bietet an, ganz Kavalier, die Zeichnungen in Ros Büro zu bringen, damit Ginnie nicht naß wird. Er selbst hat ja den Regenmantel von Gray umhängen, den dieser bei Ginnie vergessen hat. Ginnie wartet solange im Auto. Schließlich wird ihr die Warterei zu dumm, sie folgt Peter ins Theater und findet seine Leiche. Nach einem alptraumähnlichen Verhör flüchtet Ginnie dorthin, wo Peter mit ihr hätte gehen wollen: in ein einsames Tal, das man nur zu Fuß erreichen kann, den Weg hat er auf einer Wanderkarte eingezeichnet, er führt in einen Märchenwald, in einen Zauberhain - Anklänge von A MIDSUMMER NIGHT'S DREAM und AS YOU LIKE IT. Dort endlich kann Ginnie um ihren geliebten Freund trauern, ihren Gefühlen freien Lauf lassen.

Overhead the leaves were whispering in the wind that was up there and not below: *Stranger in the forest. Who is she? What does she want?* Were they whispers of alarm? Or simply comments? [...] She stopped and caught her breath. She had been plunged into a valley of giants. The trees were like the sides of buildings, soaring upward to a canopy hundreds of feet over her head. These were ponderosa pines of legends, mammoth, too large to comprehend. Awed, she walked forward slowly, feeling as if she had come upon a holy place, a place where spirits lived. But the spirits were alien, indifferent to her. She touched one of the giant trees; it was warm to her hand. She put her cheek against the trunk, touched it with both hands, and whispered, "I'm sorry, I'm sorry." She didn't know what she said, or why, only that she had to tell these spirits something. [...] Slowly she sunk to her knees and pressed her cheek against the trunk. She began to weep, silently at first, then harder and harder, until she was racked by sobs and her grief shook her entire body.[14]

Ginnie übernachtet unter dem Riesenbaum. Am anderen Morgen fährt sie nach Hause und wird von der Polizei erwartet. Der Sheriff will sie sprechen, weil es einen zweiten Toten aus dem Kreis des Harley Theaters gibt: Laura, die Freundin des Regisseurs Gray. Weil Ginnie kein Alibi hat und die Gerüchteküche des Theaters die für Außenstehende wahrscheinliche Geschichte von einer Affäre zwischen Gray und Ginnie in Umlauf gebracht hat, wird Ginnie des Mordes verdächtigt. Da springen ihre Großeltern ein und engagieren Charlie Meikljohn (und damit auch dessen Lebensgefährtin Constance Leidl), damit er die Morde von Ashland aufklärt und Ginnie von dem ihrer Meinung nach unsinnigen Verdacht enthebt. Und hier flicht Kate Wilhelm in ihre Geschichte geschickt wieder ein bekanntes Mittel Shakespeares ein, obwohl doch, wie schon erwähnt, die Harley Theaterwoche eigentlich völlig auf Shakespeare verzichtet. Charlie macht sich die Tatsache zunutze, daß Gray einige Änderungen an

Sunshines Stück vornehmen will und greift auf die bewährte Methode zurück, das Manuskript so zu verändern, daß es den Bösewicht zur Handlung zwingt, weil er sich erkannt glauben muß - eine seit HAMLET erprobte Methode.[15]

> "When you start unraveling the past, it doesn't stop until it's all out, back to day one. You can't stop it, all you can do is keep it from starting. If you don't follow my orders, do exactly what I want, I'll tell her who her father really is."[16]

Die Frage der Vaterschaft von Ginnie hat Constance schon eine ganze Weile beschäftigt, auch ihre Angst vor Feuer und Kerzen. Ginnies Vater Vic ist bei einem Feuer ums Leben gekommen, sie selbst hat eine schwere Rauchvergiftung und leichte Verbrennungen überstanden. Constance erinnert sich im Gespräch mit Charlie an den Streit um die Hamlet-Falle oder die Macbeth-Falle, bei dem Ginnie so heftig reagiert hat.

> "Charlie, she thinks Ro killed her father! Remember the argument Gray told us about between Ginnie and Ro, about the name of the trapdoor on stage? She insisted it was the Macbeth trap and he was insistent that it was the Hamlet trap. She became upset, denied it vehemently, according to Gray. Don't you see? In *Hamlet*, the uncle kills the father. That's what she was avoiding that night!"[17]

Die Psychologin Constance erfaßt das Problem der Vergangenheit, der tragischen Familiengeschichte intuitiv, während der Polizist Charlie sich über Experimente an die Wahrheit heranmacht, die Wahrheit von der Nacht, als Ginnies Mutter Lucy sie aus dem brennenden Haus gerettet hat, als ihr Vater Vic tot auf dem Küchenboden gelegen und sie selbst einen Schock (offenbar fürs Leben) erlitten hat. Ginnie, wie es ihre Angewohnheit während ihrer Jahre als Bühnenbildnerin geworden ist, hat irgendwann einmal die schrecklichen Erlebnisse dieser Brandnacht auf ihrem Skizzenblock festgehalten, und Charlie rekonstruiert anhand der Aufzeichnungen den tragischen Unfall, dem Ginnies Vater zum Opfer gefallen ist. Merkwürdig ist Lucys Verhalten, die ihrem Bruder Roman lange nicht erzählt hat, daß sich Ginnie von den Brandwunden erholt hat. Merkwürdig erscheint Constance und Charlie auch die Tatsache, daß Ginnie ihren Onkel Ro erst kennengelernt hat, nachdem ihre Mutter gestorben ist. Merkwürdig ist auch die eine Begebenheit, an die sich Ginnie erinnert, als ihre Mutter von der Vergangenheit gesprochen, von ihrem Bruder Ro erzählt hat:

> "One time, she said something about the theater here, about Uncle Ro. I had forgotten it until this minute. I had a part in a play at school, a Shakespeare play, and she said she had always wanted to play Shakespeare, and he, her brother, hadn't let her. She said she ended up playing Cressida to his Pandarus anyway. I don't know what she meant and she wouldn't say anything else about it."[18]

Hier hat Kate Wilhelm einen weiteren Hinweis auf die Geschichte der Familie Cavanaugh-Braden eingestreut und dabei wiederum ein Stück von Shakespeare bemüht, eines der weniger bekannten, weshalb sich Constance auch die Mühe macht, TROILUS UND CRESSIDA nachzulesen. Während Charlie in die Skizzen Ginnies vertieft ist, markiert sich Constance eine Stelle im Text, die sie ihm später vorliest:

> "Let me read you this one little speech", she said. "It's Pandarus talking." She found the passage and read: "If ever you prove false one to another, since I have taken such pains to bring you together, let all pitiful goers-between be called to the world's end after my name; call them all Pandars; let all constant men be Troiluses, all false women Cressids, and all brokers-between Pandars!"[19]

Jetzt läßt Kate Wilhelm den Leser im Stich, läßt dieses Zitat aus der zweiten Szene des dritten Aktes einfach so im Raum stehen, mache doch jeder daraus, was er wolle.[20] Aufgegriffen wird mit TROILUS UND CRESSIDA natürlich das Motiv der Treue und der Untreue, das Motiv der Leidenschaft. Andererseits ist Pandarus der Onkel von Cressida, es könnte sich also um eine Parallele zwischen Ro und Ginnie handeln, aber das ist angesichts der Handlung des Shakespeareschen Stückes nicht einleuchtend. Roman Cavanaugh tritt nirgendwo auch nur entfernt als ein Kuppler auf, eher im gegenteiligen Sinn: er möchte, daß seine Nichte Ginnie *nicht* mit Peter nach Peru geht, sondern bei ihm im Theater bleibt, in Ashland, Oregon. Gleich darauf aber verkehrt Kate Wilhelm ihr Zitat aus TROILUS UND CRESSIDA ins Humorvolle, läßt die komödiantische Seite des Stückes aufblitzen, läßt durchblicken, daß in Shakespeares Stück auch echte Liebe zu finden ist:

"It's a strong play. Full of lechery and betrayals and war weariness. It's the most cynical thing Shakespeare ever wrote, I bet."
    Charlie drained the last drops from his mug and stood up. "Speaking of lechery", he said with an evil leer.
    She laughed softly.[20]

Freilich wird am Ende auch der Mörder von Peter und Laura bloßgestellt und der 'böse Onkel' Roman Cavanaugh unschädlich gemacht. Völlig offen gestaltet Kate Wilhelm dagegen den Schluß ihres Romans, läßt den Leser im Ungewissen darüber, ob Ginnie nun weiß, wer ihr richtiger Vater ist oder nicht. Sie klärt auch nicht die emotionsgeladene Streitfrage zwischen Ginnie und Ro, ob es denn nun die Hamlet-Falle oder die Macbeth-Falle heißt. Hier muß der Titel des Romans den Ausschlag geben - *The Hamlet Trap*.[21]

Anmerkungen

1 June Thomson, *Vorhang auf zum Totentanz* (1988; München, Scherz 1990), übersetzt [teilweise schrecklich] von Hedi Hummel-Hänseler. Der Originaltitel verrät die Verbindung zu HAMLET: *Rosemary For Remembrance*.

2 *Vorhang*, p. 33. Auch sein Abgang von der 'upper stage' mißlingt Jake, setzt eine eher komische als tragische Note.

3 *Vorhang*, pp. 57 f.

4 *Vorhang*, p. 63.

5 *Vorhang*, p. 103. In verkürzter Form nehmen Polizei und Zeuge auch hier wieder die Debatte um die 'Selbstmordtheorie' auf. Harriet widerspricht Finch und vermeidet es, von Selbstmord zu sprechen.

6 *Vorhang*, p. 110.

7 *Vorhang*, p. 117. Finch läßt sich allerdings ein Wortspiel nicht entgehen, als er auf den Tod von Frank Goodyear zu sprechen kommt und mit seinem Assistenten Tom ausgerechnet die mögliche Täterschaft des Gärtners auslotet (wobei zumindest die Krimileser hierzulande an das bekannte Lied von Reinhard Mey denken dürften):

"Aber wo bleibt da *Hamlet*, Tom? Der Rosmarin im Wasser? Burton macht mir nicht den Eindruck eines großen Literaten."
    "Diese *Hamlet*-Idee hat mich nie überzeugt. Es ist gut möglich, daß das verdammte Zeug schon Stunden vor dem Mord ins Wasser geworfen wurde."

"Aber wer hat es dann hineingeworfen? Und außerdem vergißt du die Vergißmeinnicht in Goodyears Wagen."

8 *Vorhang*, p. 137. Eine ganz knappe Darstellung von HAMLET als Rachetragödie läßt Martha Grimes in *The Dirty Duck* einen Amerikaner im Gespräch mit ihrem Helden Melrose Plant geben, der mit dem Touristen in einem Pub von Stratford-on-Avon zusammentrifft:

> "Kyd wrote *The Spanish Tragedy*."
> "I know", Melrose said icily.
> Harvey Schoenberg sighed: "Read one, you've read'em all. Those revenge tragedies are all alike."
> "I would certainly not class *Hamlet* in the general category of revenge...."
> "Why? Same old stuff. Trouble is, Hamlet wanted revenge on Claudius and went around killing all the wrong people before he finally got around to the right one."
> Melrose had to admit it was a refreshingly simple way to look at *Hamlet*. (p. 27).

9 *Vorhang*, p. 142.
10 *Vorhang*, pp. 156 f.
11 *Vorhang*, pp. 159 f.
12 Kate Wilhelm, *The Hamlet Trap* (1987; London, Gollancz 1988).
13 *Trap*, pp. 39 f. Eine sicherlich bekannte Querverbindung zwischen Shakespeare und der Kriminalliteratur ist das 'Spiel im Spiel' in HAMLET, das den Titel für das Rekordstück von Agatha Christie liefert [Es wird seit dem 25. November 1952, also seit vierzig Jahren, ohne Unterbrechung im Londoner West End gezeigt!]:

> *King.* What do you call the play?
> *Ham.* 'The Mouse-trap.' (III,ii)

Auch nach den Ausführungen von John Dover Wilson hat sehr wahrscheinlich Ginnie recht. In seinem *What happens in HAMLET* (Cambridge, University Press [3]1967), p. 191 geht er auf die Verwendung des Begriffes 'trap' ein. Das ganze Kapitel V überschreibt er 'The Multiple Mouse-trap'.

14 *Trap*, pp. 78 f.
15 Siehe Zweites Kapitel, *Pferderennen und Mörderjagd*.
16 *Trap*, p. 234.
17 *Trap*, p. 195.

18 *Trap*, p. 114. Eine ziemlich zynische Rückblende der Mutter von Ginnie,
   die mit diesem Vergleich zu Shakespeares Stück sich bitter an das inzestu-
   öse Verhältnis zu ihrem Bruder Ro erinnert.
19 *Trap*, p. 181. Diese Passage stammt aus TROILUS UND CRESSIDA, III,
   ii. Pandarus hat gerade erfolgreich Troilus mit Cressida verkuppelt.
20 *Trap*, p. 181. Diese eher komische Art, Textpassagen aus Shakespeares
   Werk in das Handlungsgeschehen des Romans einzuflechten, wirkt allerdings bei *The Cat Who* .. gekonnter. TROILUS UND CRESSIDA zählt zu
   den Komödien, obwohl es nach dem *Shakespeare-Handbuch*, herausgegeben von Ina Schabert (Stuttgart, Kröner [3]1992) innerhalb der Komödien
   zu den sogenannten Problemstücken zählt. Diese haben früher die Bezeichnung 'dark comedies' getragen. Siehe besonders die Einführung dazu
   von Walter Kluge, pp. 495 ff.
21 Siehe Anmerkung 13 zu diesem Kapitel.

FÜNFTES KAPITEL

Mädchenträume und Alltagstragödien

Melissa 'Missy' Richardson geht in der neuenglischen Kleinstadt Arden die Globe Street entlang zur Charles University, wo sie zur Probe für KING LEAR erwartet wird. Melissa spielt Cordelia, Lears Tochter, in einer Aufführung des Studententheaters unter der gleichberechtigten Leitung von Frank Weinstein und Boris Vuutz, zweier Professoren für englische Literatur, die völlig unterschiedlicher Auffassung sind, was Shakespeares Stück betrifft, aber auch in manch anderer Hinsicht. Weil sie ein großes persönliches Problem hat, möchte sie erst noch mit Tom Hammock sprechen, ihrem Lehrer, Freund, Vertrauensmann, aber der hat gerade keine Zeit und vertröstet sie auf die Zeit nach der Probe. Melissa kommt etwas zu spät, aber Frank Weinstein, der sie sehr mag, ist ihr nicht böse.

"Ah, there you are, dear girl. Now let's begin. Act IV, Scene vii, please."
    Melissa hoped for a warm-up period, but she obediently mounted the stage and began without argument.
    "Oh thou good Kent, how shall I live and work to match thy goodness? My life will be too short and every measure fail me."
    She liked the student playing Kent and warmed to Cordelia. In fact, she began to feel that her recent experiences would perhaps fit her better for her part in this tragedy. [...] Her speaking part over, she sat and watched the others for a while and then went down to the costume room below to select a robe. [...] Her next appearance would be at the start of the final scene. Then, in the last moments of the play, she would reappear, carried onstage, dead in her father's arms.[1]

Soweit kommt es in *Foul Deeds*, dem Erstlingswerk von Susan James, erst gar nicht, denn Melissa wird in der Garderobe umgebracht, noch bevor sie ihren letzten Auftritt als Tote hat. Schon im ersten Kapitel gibt Susan James Hinweise auf Alltagstragödien im Universitätsleben: die 'Erfahrung' der Studentin Melissa (Liebesbeziehung zu einem ihrer Lehrer und ungewollte Schwangerschaft), der Dauerstreit zwischen den Regisseuren Vuutz und Weinstein (Akademikerneid, Rechthaberei auf der einen Seite, Sexualneid, Generationenkonflikt auf der anderen). Morton Weinstein könnte sehr wohl Melissas Vater sein, Boris Vuutz ihr Liebhaber. Weinstein möchte KING LEAR in herkömmlicher Weise aufführen, Vuutz daraus absurdes Theater machen.[2]

Vuutz liebt es auch, derbe Scherze mit anderen zu treiben. Diesmal entdeckt er Mortons Brille, die er bei der Probe hat liegenlassen. Statt sie seinem Kollegen vorbeizubringen, schreibt er ihm einen Zettel und wirft ihn in Mortons Briefkasten. Als Morton seine Brille auf der Bühne und später im ganzen Theater sucht, murmelt er ständig vor sich hin, tief in Gedanken an seine verstorbene Tochter Gwen und seine verstorbene Frau Violet versunken, immer wieder ein Zitat aus Shakespeares Werk auf den Lippen, den zu den passenden Gelegenheiten geistreich zu zitieren er besonders versteht.[3] Schließlich landet Morton Weinstein wieder auf der Bühne, hinter dem Vorhang.

"How now, a rat?" called a familiar voice from the other side of the curtain, quite disrupting Weinstein's concentration. More disturbing was that at the same instant Weinstein saw and felt a rapier of glistening steel pierce his chest. Saw with his own eyes his blood erupt from his white shirt. And then he could not see to see.

"Dead for a ducat", cried the voice, "dead!"[4]

Der zweite Todesfall an der Charles University, und diesmal gibt es keinen Zweifel daran, daß es sich um Mord handelt - Mord nach der HAMLET-Methode. Beide Morde, so vermutet Polly (doch nicht etwa Hippolyta?) Winslade zurecht, müssen vom selben Täter begangen worden sein, zumindest besteht ein Zusammenhang, den Polly, die Polizistin, mit Tom Hammock, dem Philologen und Journalisten, erörtert. Auch die Möglichkeit, daß der Täter in der anglistischen Abteilung der Universität zu suchen ist.

"I'm pretty sure the two murders are connected."
"How?" Hammock's voice showed no trace of surprise, only curiosity.
"Well, both were in the *King Lear* production, [...] and both were killed like characters in Shakespeare."
"What do you mean?"
"It's been years since I've had a course in Shakespearean tragedy", explained Polly, "but wasn't Cordelia hanged at the end of the play?"
"Yes. And you're right, that was also Melissa's role in the play. But what about Morton?"
"Stabbed through a curtain with a sword ... murdered like Polonius, Ophelia's father in *Hamlet*."[5]

Als Tom noch zweifelt, erwähnt Polly einen Fund ihres Kollegen Michael Camarata, der zum einen unter Beweis stellt, daß es sich bei den Morden um solche mit einer ausgesprochenen Shakespeare-Verbindung handelt, zum anderen den Unterton von Humor und Ironie belegt, mit dem Susan James den ehrenwerten Klassiker behandelt: Michael hat nämlich eine Anstecknadel gefunden mit dem Bildnis Shakespeares, darüber der Schriftzug WHERE THERE'S A WILL THERE'S A PLAY.[6] Winslade und Camarata kommen mit ihren Ermittlungen nicht so recht voran, weshalb ihr Chef droht, ihnen den Fall zu entziehen, der später in die Geschichte von Arden als *The Shakespeare Murders* eingehen soll, aber Polly bittet um etwas mehr Zeit. Die Grundlage ihrer Überlegungen macht sie Polizeichef Berry klar, wobei sie noch immer von einem Täter und von einer Shakespeare-Verbindung ausgeht.

Polly still felt the two deaths were related, but her only solid lead was the Shakespearean connection. What did that tell her about the murderer? She could assume that he or she knew something about Shakespeare's plays. That included about half the adult English-speaking world. Even Chief Berry, whose literary background left more than a little to be desired, knew something about Shakespeare.
But how much did the murderer know? [...] And what did the Shakespearean motif say about the murderer?[7]

Polly und Michael gehen verschiedenen Spuren nach, aber die Mitglieder der Universität, die an der Spitze ihrer Verdächtigtenliste stehen, haben alle ein Alibi. Susan James läßt in ihrem Roman *Foul Deeds* den Tag des Semesterendes heranrücken, das Leben an der Universität geht seinen Gang ebenso wie das Leben in Arden. Am Vorabend der Semesterfeierlichkeiten werden Parties gefeiert, der Ehrengast nimmt daran teil, Willard Duncan, ein zeitgenössischer Dichter schwarzer Hautfarbe, über den Tom Hammock gerade einen Artikel in der *New York Times* geschrieben hat. Duncan, ein gutaussehender Mann Mitte vierzig, wird sofort von den ledigen Damen des Lehrkörpers umschwärmt und schließlich ist es die rassige, rothaarige Maureen, die den Preis des Abends davonträgt. Freilich stellt sich das erst am Morgen danach heraus, als der Festredner - Willard Duncan - sich verspätet und schließlich im Hotelbett entdeckt wird, Maureen in den Armen. Aus der Festrede wird allerdings nichts, denn das friedliche Bild im College Inn trügt, wie der Student Seyton berichtet, der geschickt worden ist, Duncan zu wecken:

"The black guy has a knife stuck in his chest. There's blood all over the sheets and everything. The lady isn't bleeding, but she's not breathing either ... She's facedown on her pillow."[8]

Natürlich hat Susan James den schwarzen Dichter nicht ohne Hintergedanken Duncan genannt, schließlich wird er, wie der ahnungslose König in MACBETH, im Schlaf erdolcht, und wieder sind es Tom und Polly, die sich treffen und über den Doppelmord reden, denn um einen solchen handelt es sich, obwohl Duncans Fingerabdrücke auf dem Dolch gefunden werden. Mord und anschließender Selbstmord sind völlig ausgeschlossen, wie Polly erklärt, denn die Fingerabdrücke Duncans sind erst nach dessen Tod angebracht worden.

"So where does that leave you?"
"In the dark, I think. But I suspect the most recent crimes are the work of the same person who murdered the first two victims. Or at least the Shakespearean pattern is here again."
"Duncan as Duncan, murdered in his sleep?" ventured Hammock.
"That's one way to interpret it. Another way is that Willard Duncan is Othello and Maureen O'Neill is Desdemona. Ohtello smothers Desdemona and later stabs himself with a dagger. That might explain why the murderer put Duncan's prints on the knife ... to make it fit the pattern."
"And, like Othello, Duncan was black and middle-aged, and, like Desdemona, Maureen was white and years younger."[9]

Susan James arbeitet in ihren spannenden, aber humorvoll und geistreich geschriebenen Kriminalroman mindestens ein 'sub-plot'[10] ein sowie zwei Liebesromanzen, an denen jeweils ein Angehöriger der Polizei von Arden beteiligt ist. Auch die reine Fleischeslust, von Shakespeares derberen Liebesszenen bekannt, kommt in *Foul Deeds* vor, ebenso wie der schwer erkennbare Wahnsinn einzelner Figuren - im besonderen des Mörders. Polly liegt mit ihren Überlegungen völlig richtig, denn sie vermutet hinter der ganzen Shakespeare-Verbindung einen krankhaften Geist, der nur im Umfeld einer Universität als normal durchgehen kann, nur dort nicht auffällt, wo ein bißchen Wahnsinn für Genie gehalten wird, wo Toleranz weiter gefaßt wird als im kleinstädtischen Arden selbst. Susan James schildert auch den stillen Wahnsinn der geschlossenen Gesellschaft einer Kleinstadtuniversität gekonnt: den Machtkampf um Festanstellungen, die Neidereien um die Gunst der Studentinnen und Studenten, die Eifersüchteleien der Wissenschaftler um die neueste Veröffentlichung, die Heucheleien bei Fakultätsfesten, die offenen Geheimnisse und der Umgang der einzelnen Mitglieder dieser Gesellschaft damit. Ehebruch, Scheidung, Lug und Betrug schleichen sich ebenso ein wie Gleichgültigkeit, Selbstaufgabe oder das Festhalten an hohlen Werten. Am Abend des Doppelmordes an Duncan und 'Desdemona' erfährt Tom Hammock, daß seine Frau Jill ihn betrügt. Tom geht der Sache, spürt seiner Frau nach, spürt sie auf. Jill muß in dieser Wohnung über der Arden Bank of Savings sein, soviel steht fest. Die Tür wird von einem Mitglied der Anglistischen Fakultät geöffnet. Tom schaut sich um, spürt die Gegenwart von Jill, will das Badezimmer sehen. Sein Kollege öffnet ihm die Tür. Dann spürt Tom einen Schlag auf dem Hinterkopf und geht zu Boden. Ausgerechnet mit einer Büste von Shakespeare wird er niedergeschlagen, gelangt wenig später wieder zu Bewußtsein und sieht Jill ohnmächtig in der Badewanne liegen:

"Good thing you didn't come a bit earlier, Tom. You might have interrupted our little interlude, and I might not have come at all. Jill, my sweet, sweet Ophelia. Not a bad piece of ass is my, your, nay, every man's Ophelia. Not bad at all."
"Don't hurt her."
"Hurt her? My dear fellow. I wouldn't dream of hurting Ophelia. She's just going for a little swim."[11]

Jetzt ist die Verbindung zu Shakespeare klar, der Mörder entlarvt, wenn auch noch nicht gestellt, und auch sein Motiv kann Tom noch erforschen, bevor es zum dramatischen Finale kommt. Rache ist das Motiv des Mehrfachmörders, Rache am Establishment der Universität, das ihm die Anerkennung als Literaturwissenschaftler verweigert hat, ihn gezwungen hat, in erniedrigender Weise vom Geld, vom Erfolg seiner Frau zu leben. In diesem turbulenten Finale, zu dem auch ein Degenduell gehört, wie es sich zwischen Hamlet und Laertes zugetragen haben könnte, nur daß die Degenspitze nicht vergiftet ist, wird HAMLET gleich dreifach bemüht: einmal ist es die Todesart, die Jill zugedacht wird, dann dies besagte Degenduell und schließlich das Motiv für alle diese Morde à la Shakespeare - Rache.

Susan James setzt in ihrem witzigen, spannenden Buch Shakespeare mindestens so gekonnt ein wie Michael Innes, sie spielt mit Shakespeares Werken, Figuren, Worten, zieht ihn auch ein wenig durch den Kakao - wenngleich sie diese Aufgabe den 'Mitspielern' der Charles University überläßt. In einem Ratespiel mimt Frank das zu erratende Wort, ein Stück, dessen Titel aus einem Wort von fünf Silben besteht:

> "*Oedipus Rex*", yelled Janice Crane.
> "That's two words and four syllables, Janice", said Elizabeth with disgust.
> Peals of laughter spilled forth with each wrong guess. Frank bent over and pointed to his bottom, and his audience yelled gleefully.
> "Sore anus? Sorryoldanus! Got it: CORIOLANUS!"[12]

Und ganz zum Schluß nimmt sich *Foul Deeds* noch eines Themas aus dem modernen Kriminalroman an, ein Thema, das eher in den harten Polizeiromanen zuhause ist und in Filmen mit Clint Eastwood als 'Dirty Harry' Callahan immer wieder eine Rolle spielt: die gefährliche Alltagsarbeit der Polizei und die mangelnde Rückendeckung durch die Politiker. Polly kommt von der Arbeit nach Hause und liest ihre Post:

> Dear Lieutenant Winslade:
>
> You are to be congratulated for your handling of the recent case at Charles University, now known as the Shakespeare Murders.
> I am very proud to be associated with you in our continual fight against crime and have no hesitation in commending you highly for bringing this gruesome affair to a satisfactory conclusion.
> Sincerely,
> Malcolm Lodovico
> Governor, State of New York
>
> Polly stared at the letter for a moment and then chuckled. Since when had Governor Lodovico been involved in a "fight against crime"? By surrounding himself with bodyguards? By raising his silken voice at political conventions?[13]

Aber in Pollys Post ist auch ein kurzer Brief von Tom, in den sie sich verliebt hat, der ihr bei den Ermittlungen in den vier Mordfällen geholfen und damit wieder einmal einem Gespann aus Polizist und

Amateur zum Erfolg bei der Aufklärung eines Verbrechens verholfen hat.

Lampenfieber und Todessehnsucht

Lisette und Nicholas 'Nick' O'Connor leben in New York schlecht und recht von ihrer Schauspielerei, zu den Engagements des seit sieben Jahren verheirateten Paares zählen sowohl Werbespots für Erfrischungsgetränke als auch kleinere Rollen an unbedeutenden Bühnen des Off-Off-Broadway. Zu Sorgen mit dem Geld kommt noch Lisettes Trunksucht; dreimal in einer Woche hat sie die Proben verpatzt, weil sie betrunken gewesen ist. Nick hingegen hat sie erzählt, sie sei nur übermüdet gewesen. Unerwartet bietet sich Lisette die Möglichkeit, an einem kleinen College in der Provinz für die Rolle der Ophelia in einer Aufführung des Studententheaters vorzusprechen. Nick, der Ehemann, der Aufpasser, bewirbt sich ebenfalls für diese moderne Inszenierung, die zum Teil von Theaterprofis, zum Teil von Amateuren vorbereitet wird. Das Vorspiel findet in einem der zahlreichen eiskalten Kellertheater New Yorks statt, der Regisseur Brian und der Bühnentechniker Cheyenne haben es organisiert. Nick soll Claudius spielen:

"In Ordnung."
"Die Szene im vierten Akt, nachdem Sie Laertes erklärt haben, daß Hamlet seinen Vater ermordet hat. Ich übernehme Laertes."
Brian nahm die Haltung eines jungen Mannes an, eine Hand spielte mit dem Heft eines imaginären Schwertes. "Fangen Sie an."
Nick wurde zum König, trotz der Kordhose, die er trug. Der Regenmantel verwandelte sich in einen schweren Hermelinkragen auf seinen Schultern. Lediglich die angenehme, ausdrucksstarke Stimme verriet die Gespanntheit und Dringlichkeit in Claudius, als er sich an Laertes wandte. Sie gingen die Szene durch, Brian ein skeptischer Laertes, der langsam von der Überredungskunst des Königs überzeugt wurde.
"Gut, sehr gut!" sagte Brian schließlich, aus der Rolle fallend. Er sah zu seinem technischen Direktor hinüber. Cheyenne nickte, sein dünner Schnurrbart senkte sich auf die Mundwinkel.
"Der ist es", sagte er.[14]

Jetzt muß Nick in Patricia Carlsons Roman *Vorspiel zum Mord* die beiden Veantwortlichen nur noch davon überzeugen, daß auch Lisette eine Rolle in Hargate bekommt, wo HAMLET zum einhundertjährigen Jubiläum aufgeführt werden soll, obwohl die Rolle der Ophelia bereits vergeben ist und Lisette nicht alt genug ist, Gertrude zu spielen.[15] Brian warnt Nick vor, daß in diesem Falle die anderen Ophelia-Anwärterinnen Lisette nicht gerade mit Begeisterung empfangen würden, Vorahnung auf das, was in Hargate geschehen könnte. Dennoch bieten Brian und Cheyenne den beiden Berufsschauspielern die Rollen in *ihrem* HAMLET an und Brian vertieft sich sogleich mit Nick in die Einzelheiten ihrer Produktion, in seine Interpretation des Stückes, deren Zielrichtung Nick sofort erkannt hat.

> Nick klopfte auf die *Hamlet*-Ausgabe auf dem Tisch. "Ich habe bemerkt, daß bei Ihrer Darstellung Laertes auf die politischen Argumente von Claudius eingeht und nicht auf die gefühlsmäßigen."
> "Genau, so wollten wir es machen", sagte Brian eifrig. "Ich möchte mit der Vorstellung von Dänemark als Staat arbeiten, der tieferen Bedeutung von Hamlets Problemen. Deshalb ist Claudius als Staatsmann so wichtig."[16]

Cheyenne unterbricht die beiden, vertagt die Diskussion um die richtige Auslegung des Stückes auf später, in Hargate wird noch genug Zeit bleiben. In Hargate bereitet sich die Theatermannschaft aus Amateuren und vier Berufsschauspielern gewissenhaft auf die Jubiläumsaufführung vor, aber die in New York geäußerten Befürchtungen, was den Haß und Neid Lisette gegenüber anbelangt, stören immer wieder den Probenbetrieb. Einmal fällt Lisette beinahe ein Sandsack vom Schnürboden auf den Kopf, dann werden ihr zwölf Bewerbungsfotos gestohlen, die entstellt an allen möglichen Stellen wieder auftauchen: einmal mit einem Plastikskorpion verziert, einmal mit einer Masse Regenwürmer, einmal in eine Kloschüssel geworfen, ein andermal als Zielscheibe für Wurfpfeile benutzt und letztendlich gar zusammen mit einer Strohpuppe, die Ophelias Kostüm trägt und auf deren Kopf Lisettes Foto geheftet ist, im Theater verbrannt. Schließlich wird Lisettes Essen mit Barbituraten vergiftet. Nick merkt aber, daß etwas nicht in Ordnung ist und fährt sofort mit seiner Frau ins Krankenhaus, wo ihr der Magen ausgepumpt wird.

Ein weiteres Problem macht Nick zu schaffen: je weiter die Proben gedeihen, je näher die Truppe sich der Wahnsinns-Szene mit Ophelia nähert, desto größer werden seine Sorgen um Lisette, die schon drei Selbstmordversuche unternommen hat, weil sie sich für den Drogentod eines Mädchens namens Jennifer verantwortlich fühlt, der in ihrer

Studienzeit vorgefallen ist. Irgendwie hat Nick das Gefühl, daß Lisette vor dieser Szene zurückweicht, und Brian, der Regisseur, spürt das auch:

> "Ich glaube, das Problem liegt bei den Todesmetaphern", sagte er mit erschreckender Genauigkeit. "Du verhältst dich sehr gut zu König und Königin und zu deinem Bruder. Sehr anrührend. Die Lieder sind in Ordnung. Aber da ist keine Tiefe. Ich habe nicht das Gefühl, daß es dich auch nur im mindesten interssiert, daß dein Vater von deinem Geliebten erstochen wurde."[17]

Patricia Carlson, die ihre Handlung in das Jahr 1967 verlegt, schildert minutiös die harte Theaterarbeit in allen Bereichen: Schauspieler, Regisseur, Techniker, Beleuchter, Bühnenbildner - alle machen mit, geben sich Mühe, der Leser kann mühelos die Arbeit der Truppe um Brian Schritt für Schritt verfolgen. Freilich läßt auch die Amerikanerin Carlson hin und wieder Humor im Umgang mit Shakespeare aufblitzen. Jason, ein Student der Theaterwissenschaft, soll den Geist von Hamlets Vater spielen, und zwar auf einer wackeligen Holzbrüstung.

> "Um Gottes Willen, da oben drauf soll ich spielen? Da schlottern mir die Knie vor Angst und ich vergesse meinen Text!"
> "Du hast's doch leicht", erklärte Rob. "Du mußt doch nur majestätisch herumstolzieren."
> "Stimmt. Na, warte nur die Schlagzeilen ab! 'Unglücklicher Jungschauspieler stürzt in den Tod! Hargate wieder an der Spitze! Geist von einem Geist gespielt!'"[18]

Noch einmal schiebt Patricia Carlson eine komische Pause ein, bevor die Katastrophe eintritt, indem sie die Schauspieltruppe versammelt und die Kritiken lesen läßt, die zum Teil flach, zum Teil schmeichelhaft, zum Teil fachlich-sachlich gerecht ausgefallen sind. Besonders detailliert ist die Besprechung in einer New Yorker Wochenzeitung, besonders negativ die eigene Unizeitung:

> Der noch sehr junge Rezensent fand das Stück zu lang und sowohl den Geist als auch Hamlets Zweifel völlig unglaubwürdig. Er lobte dafür Ophelia, den Totengräber und den dramatischen Schwertkampf. "Tja", kommentierte Rob [alias Hamlet] freundlich, "für diese einfachen Gemüter hat der gute alte William das ja auch extra eingebaut!"[19]

Dann aber, nach der letzten Vorstellung, ist das Böse, das von Anbeginn an gelauert hat, das durchweg in den mutwilligen bösen Streichen mit Lisettes Fotos zu erkennen gewesen ist, nicht mehr aufzuhalten - oder hat sich Lisette/Ophelia nun doch das Leben genommen, hat die Belastung der Rolle, in die sie sich bis zur Selbstaufgabe hineingesteigert hat, nicht mehr ertragen und ihre vermeintliche Schuld am Tode Jennifers? Lisette wird reglos in der Garderobe gefunden, eine Spritze liegt auf dem Garderobentisch, auf dem Spiegel steht, mit Schminkstift geschrieben, ein kurzes Abschiedswort. Der Krankenwagen kommt zu spät, als Lisette im Krankenhaus ankommt, ist sie tot.

Jetzt rollt Patricia Carlson im letzten Teil ihres *Vorspiels zum Mord* den Tod der Lisette vor den Lesern ebenso detailgetreu auf wie die Inszenierung des HAMLET von Hargate, genauso schlüssig, genauso stimmig wie sie das Leben an der Universität, das Zusammenleben der Schauspieltruppe geschildert hat. Die Lösung des Falles, den die Polizei als Mord behandelt, solange nicht einwandfrei Selbstmord festgestellt wird, liegt wiederum im vorherrschenden Motiv von HAMLET. Bei einem Abendessen greifen Rob, der Hamlet-Darsteller, Brian, der Regisseur, und Cheyenne, der technische Direktor, das Motiv der Rache, der verzögerten Rache auf:

"Meine jetzige Arbeit besteht darin", sagte Rob, "Hamlets nachdenkliche Szenen und seine impulsiven Momente unter einen Hut zu bringen. Ich fühle mich schizophren."
"Du hast recht", sagte Brian, "er ist widersprüchlich."
"Er ist ein Perfektionist", sagte Cheyenne aus seinem Lehnstuhl.
"Wie meinst du das?"
"Sein Vater wurde umgebracht, seine Mutter getäuscht und belogen." Die dunklen Augen des technischen Direktors glühten über seinem Weinglas. "Er ist schnell, er weiß, wie man kämpft. Aber er will, daß seine Rache perfekt ist. Angemessen. Plane gründlich, und wenn es an der Zeit ist, handle schnell."[20]

Anmerkungen

1 Susan James, *Foul Deeds* (New York, St. Martin's 1989), pp. 6 f. Unter dem Kürzel ihrer Vornamen schreiben Susan und James Schiffer, zwei Dozenten an einer Universität im Südwesten der USA (vermutlich North Carolina), verlegen aber den Schauplatz ihres Romans nach Neuengland.

Allen Kapiteln des Buches ist ein Motto aus Shakespeares Werk vorange-stellt, der Titel ist HAMLET entlehnt.

2 *Foul Deeds*, p. 7. Sieht Weinstein in Melissa/Cordelia "something virginal and pure", tut es Vuutz als "something dull and plain" ab. Weinstein hält den Versuch seines Kollegen Vuutz, aus Shakespeares KING LEAR ein absurdes Stück zu machen, für reines Unvermögen, während Vuutz die Texttreue und traditionelle Aufführungsweise Weinsteins als alten Zopf bezeichnet.

3 "The empty auditorium echoed his voice. Weinstein prided himself on his knowledge of Shakespeare, his ability to quote him at appro-priate moments. Certainly it helped to have taught Shakespeare for thirty years, as he had, yet mere memory was not enough. The talent was worthless parroting unless one also had that rare and uncanny gift of knowing what to quote and when to quote it. And this gift Weinstein possessed." (p. 72).
Susan James stellt aber sofort mit einem ironischen Seitenhieb auf den Universitätsalltag, auf den weltweiten Betrieb der Literaturkritik klar, daß Weinstein nur in Arden ein Star ist:
"Weinstein recognized that in the greater scheme of things, he was not an important person. At the special sessions of the Modern Language Association, at the gatherings of the Shakespeare Associ-ation, he was merely another ass on a stool, among a billion other asses." (p. 72).
An anderer Stelle wiederholt Susan James das Motiv des Zitierens, dies-mal ist es aber der Ehrengast Willard Duncan, der ein passendes Zitat findet, als man ihm den geliehenen Talar des Ehrendoktors anlegt:
Duncan, now the very heart and soul of academic dignity, shrugged his arms open like owl's wings and soliloquized: "*The Thane of Cawdor lives. Why do you dress me in borrowed robes?*" Everyone in the room laughed at Duncan's timely quotation. (p. 141).

4 *Foul Deeds*, p. 79.

5 *Foul Deeds*, pp. 91 f.

6 *Foul Deeds*, p. 57. Anders als bei June Thomson oder Sheila Radley sind die Shakespeare-Hinweise tatsächlich auch echte Hinweise auf die Morde.

7 Das bekannte Thema taucht auch in *Foul Deeds* auf: die Polizei und die Bildung (p. 112).

8 *Foul Deeds*, p. 163.

9 *Foul Deeds*, p. 168.

10 Michael Camarata, der sich in die Studentin Carrie verliebt, ist auf einen früheren Liebhaber von Melissa angesetzt, einen bulligen Sportler namens Rip. Der, so entdeckt Michael nebenher, weil er auch eifersüchtig auf Rip ist, als dieser mit Carrie eng tanzt, handelt mit Drogen und versorgt die halbe Universität.

11 *Foul Deeds*, p. 210. Hier benutzt Susan James wieder ein Stilmittel Shakespeares, das Wortspiel mit sexueller Doppel- oder gar Eindeutigkeit.

12 *Foul Deeds*, p. 127.

13 *Foul Deeds*, p. 233.

14 Patricia M. Carlson, *Vorspiel zum Mord* (1985; Ariadne Krimi 1990), p. 19. Der Originaltitel lautet *Audition For Murder*.

15 In seinen Notizen von den Sprechproben liest Regisseur Brian folgendes nach: 'Wunderbare Ophelia! Kommt nicht in Frage für Gertrud.' (p. 22).

16 *Vorspiel*, p. 24. Diese politische Interpretation wird an mehreren Stellen betont. In einer Regieanweisung an Polonius meint Brian:
"Denke bitte daran, Ophelias politischer Wert liegt in ihrem Ruf."(p. 90).
Nick arbeitet mit seiner Partnerin Grace/Gertrud an ihrer Rolle und beschreibt sie so (p. 113):
Gertrud, eine warmherzige und liebende Frau, die sich nur zu leicht von den manipulierenden Politikern um sich herum beeinflussen ließ.
Eine spätere Regieanweisung Brians an Nick (p. 142):
"Ich mag den Claudius, den du jetzt hast. Wir haben vereinbart, daß du die staatsmännischen Aspekte in den Vordergrund stellen willst. Ich glaube immer noch, daß das das Wichtigste ist."
Und auch die Freude darüber, daß selbst die Rezensenten die Absicht erkannt haben (p. 217):
Alle freuten sich darüber, daß der Schwerpunkt ihrer Inszenierung, nämlich Hamlets Rolle im Staat und die damit verbundenen Auswirkungen dieser Familientragödie auch außerhalb erkannt worden war.
Siehe auch drittes Kapitel, Anmerkung 16 zum Thema Staatskunst in HAMLET!

17 *Vorspiel*, p. 165.

18 *Vorspiel*, p. 99.

19 *Vorspiel*, p. 217.

20 *Vorspiel*, p. 144. Siehe auch John A. S. Philips, "Why does Hamlet delay? - Hamlet's subtle revenge", *Anglia* 98 (1980), pp. 35-50.

SECHSTES KAPITEL

Aberglaube und Hoffnung

In der geschlossenen Gesellschaft einer Schauspieltruppe, die unter Leitung eines ehrgeizigen Regisseurs und eines geizigen Produzenten eine ganz neue Inszenierung von MACBETH einstudiert, halten sich eigentlich alle Mitspieler, Beleuchter, Maskenbildner und Bühnenarbeiter an eine Tradition, wenn sie den Namen des Stückes nicht erwähnen und auch nicht daraus zitieren, wie sonst üblich, es sei denn bei den Proben. Umschreibungen sind an der Tagesordnung, vom schottischen Stück ist die Rede, alte Haudegen des Berufes, die schon auf vielen bedeutungslosen Brettern in MACBETH mitgewirkt haben, betonen ihre Seniorität, indem sie stundenlang Anekdoten von Aufführungen zum Besten geben, die unter den Fluch des Stückes gefallen sind. MACBETH bringt Unheil, Unglück, so will es die Überlieferung, und da wird die Inszenierung von Michael Godwin keine Ausnahme machen.[1]

Godwin, der Regisseur, will allerdings eine Ausnahme von der Regel machen und in seinem MACBETH den wahren Dritten Mörder entlarven. Godwin hat in der Folger Shakespeare Library in Washington geforscht, in der Aufführungsgeschichte nachgelesen, in zeitgenössischen Kritiken geblättert und vor allem Shakespeares Text genauestens studiert.

Da sich Michael Godwin sehr wohl der Tatsache bewußt ist, daß die Frage nach dem Dritten Mörder seit Jahrhunderten ungelöst geblieben ist, trotz der Bemühungen von Heerscharen verzweifelter Shakespeareforscher in aller Welt, will er seine Lösung auch erst bei der Premiere preisgeben. Bis dahin wird bei den Proben die Rolle nur von einem Souffleur gelesen, nur Godwin und der betreffende Schauspieler wissen Bescheid, die Theatermannschaft und die Öffentlichkeit werden auf die Folter gespannt. Am Tag der Generalprobe wird die Spannung mit einem Knall aufgehoben - mit einem Pistolenknall. Als die panikartigen Schreie nach Licht endlich erhört werden und die Beleuchtung die Bühne erhellt, liegt Michael Godwin erschossen auf den Brettern, die für ihn die Welt bedeuten sollten.

Doch der Reihe nach. Der Icherzähler Gene und Hilary Quayle betreiben eine Werbeagentur in New York, und obwohl zu ihren Kun-

den meistens Spielwarenfirmen zählen, übernimmt Hilary den Auf-
trag, Godwins MACBETH ins rechte Licht zu rücken, weil sie ihn und
seine Frau Melanie von einer gemeinsamen Studentenaufführung von
AS YOU LIKE IT kennt. Alle vier treffen sich in einem Lokal in der
Gegend des Broadway mit dem Namen Shakespeare's Pub, tauschen
Erinnerungen aus. Godwin doziert, unbeirrt durch die liebenswerten
Sticheleien seiner Frau, über MACBETH:

> "What are the major questions about Macbeth? First of all, the dating of
> the play. No one's sure when it was first performed, or for what occasion.
> Then there's the text. How corrupt is it? Is scene 36 suspect? Should it be
> cut, along with the Hecate scenes? Did Middleton really write the lat-
> ter? Why stick a classical deity in with garden-variety witches? Or do the
> weird sisters have more stature than old-fashioned crones? Are they Norns,
> embodiments of Fate?"[2]

Godwin beeindruckt seine Zuhörer, die nicht der Theaterwelt angehö-
ren, mit genauesten Textkenntnissen, seiner Vertrautheit mit neuesten
Ergebnissen der Shakespeareforschung, zieht sie in den Bann des be-
geisterten Theatermannes und gibt dann schließlich dem von ihm
selbst hervorgerufenen Drängen seines Publikums nicht nach:

> Hilary drank some liqueur and chased it with coffee. "So", she addressed
> Godwin, "I assume that you've got a new idea about which character is
> disguised as the Third Murderer?"
> He nodded. "The trouble with other theories is that they're based on
> psychological hypotheses, which are riddled with loopholes. But I've un-
> covered actual textual evidence to support my idea. What's more, the
> mechanics of Shakespearean staging tradition back me up!"
> "All right", Hilary exclaimed, "so impress us with this marvelous brain-
> storm! Who is the Third Murderer?"
> "That's my secret. [...] I'm not taking any chances on my theory leaking to
> the press beforehand. I want it to hit everybody like a thunderbolt!"[3]

Godwin bewahrt sein Geheimnis über den dramatischen Tod, den
Mord auf offener Bühne, hinaus, aber Hilary und Gene wollen nicht
nur den Mörder Godwins bloßstellen, sondern auch den Dritten Mörder finden - schließlich gibt es da eine Verbindung: so, wie Godwin
Regie geführt hat, kann eigentlich nur einer der drei Mörder Shake-

speares für den Mord an Michael in Frage kommen, und da die Mörder Eins und Zwei auf der Bühne stehen, kommt nur Mörder Drei in Betracht. Von ihm findet man keine Spur, nur seinen schwarzen Umhang, über den Gene in der Nähe des Bühnenausgangs stolpert.
Mit wieviel Humor und Wortwitz Marvin Kaye seinen Roman und damit Shakespeares MACBETH anpackt, belegt die kurze Szene unmittelbar nach dem Mord an Michael, in der ein Augenzeuge der Bluttat die Theorie des Detektivgespanns Hilary und Gene bestätigt:

The situation was pure chaos, and I knew I'd better take charge right away or the scene of the crime would be trampled out of recognition by the gawkers.
"Everybody back!", I shouted. [...]
"For Christ's sake, what's going on?!" the producer bawled, then stopped in his tracks, seeing Godwin on the floor. The blood drained from his face.
"Who did it?" he asked hoarsely.
"The Third Murderer."[4]

Hilary und Gene wissen zwar, daß Michael Godwin von der herkömmlichen Theorie, Macbeth selbst könnte der Dritte Mörder sein, nichts gehalten hat und auch die Idee verworfen hat, Ross oder gar Macduff könnten bei dem faulen Spiel mitgemacht haben, aber sie kennen Michaels Dritten Mörder nicht. Also verfällt Gene auf die Idee, das von der ehrgeizigen Regieassistentin Dana Wynn wie ein Augapfel gehütete Soufflierbuch genauer einzusehen, aber Dana will das Buch nicht herausrücken. Sie hat die Regie von Michaels MACBETH übernommen und muß über Nacht noch einiges nachlesen, da sich die Theatergesellschaft entschlossen hat, an der Aufführung festzuhalten - trotz der Ermordung Godwins und der Ermittlungen der Polizei, welche die Proben behindern. Mit List und Tücke kann Gene das Soufflierbuch an sich bringen, aber es bringt keinen Aufschluß über die Identität des Dritten Mörders, weil Michael für diesen Schauspieler nur das Kürzel 3M benutzt hat. Schließlich bleibt Hilary nur der Weg nach Washington, in die Folger Shakespeare Library. Gene findet seinen Weg auch dorthin, allerdings ist er nicht auf der literarischen Spur des Dritten Mörders, sondern auf der Fährte des Schauspielers Harry Whelan, der in Michaels MACBETH die Rolle des Ross spielt. Damit aber ist Gene auf der falschen Spur - und das in beiderlei Hinsicht.

Der Hauptverdächtige ist, aller Vorsicht gegenüber der Theorie zum Trotz, der Dritte Mörder könne doch nur Macbeth selbst sein, der Schauspieler Armand Mills, denn der ist seit dem Mord an Michael Godwin spurlos verschwunden. Schließlich spürt Gene, der eine Lizenz des Bundesstaates New York als Privatdetektiv besitzt, den Flüchtigen auf, will ihn mitten im Gewühl des Bahnhofs unter den Augen der Polizei überführen, da wird Mills rüde angerempelt und stürzt zu Boden. Aus seinem Rücken ragt der Griff eines Dolches. Genes wilde Verfolgungsjagd durch den Bahnhof bleibt ohne Erfolg, allerdings kann er den davoneilenden Messerstecher erkennen, obwohl er seinen Augen kaum traut: es ist Michael Godwin.

Das kann nicht die Lösung des Falles sein, also präsentiert Marvin Kaye die Lösung im dreizehnten Kapitel seines in drei Akte eingeteilten Buches, dem letzten, natürlich. Und natürlich ist in diesem Buch über das Theaterstück von Shakespeare, das von Schauspielern gefürchtet und vom Aberglauben begleitet wird wie kein zweites, die Einteilung in dreizehn Kapitel kein Zufall. Situation, Complication und Explication sind die Akte überschrieben, und bis zuletzt werden der Mörder und der Dritte Mörder nicht entlarvt, aber Hilary hat es geschafft.

> "I see", I remarked, not unimpressed. "So you cracked a three-centuries-plus puzzle in a day and a half?"
> "A little longer. You forget that Michael left behind some clues. [...] I read tons of commentary on *Macbeth*. Most of it repeated the answers I'd discarded. But two books suggested a new interpretation of Scene 33. I took notes in Washington. Take a look!"
> I scanned the proffered sheet. It was inscribed neatly in pencil. I glanced at the author's name and blinked.
> "E. K. Chambers?" I asked, surprised. "I thought that was the name of the actor playing the Second Murderer?"[5]

Dieser humorvolle Umgang mit ehrwürdigen Gestalten der Shakespearekritik wird noch verstärkt durch den allerletzten Teil der Erklärung, den Hilary dem ohnehin verblüfften Gene spätabends liefert:

> "Well, even though neither of these commentators hit the mark, they came so close that they started me thinking in a completely different direction."
> "About the witches", I said.

"Yes. The first thing I realized is that when Macbeth vows to cancel 'that great bond' (in other words, the prediction that Banquo shall sire a line of kings), he is directly challenging the potency of the weird sisters!"
  "He's trying to ruin their batting averages as prophets, right?"
"When we assume that the Third Murderer is one of the witches, the business with the torch comes clear."
  "Yep. She strikes out the light to enable Fleance to escape ..."
"Thus fulfilling her prophecy that Banquo will beget kings. It never made much sense to presume that a hired murderer put the torch out. They were prepared to slaughter both Banquo and Fleance, as per instructions."[6]

Gene, der schlaue Detektiv, ist den Hexen auch ohne langes Studium auf die Spur gekommen, und als Hilary, für ihn langatmig, aber für den Shakespeareaner spannend, darlegt, Zeile für Zeile, daß der Dritte Mörder die Dritte Hexe sein muß, schläft Gene ein.

Kochkunst und Mutterliebe

In der Provinzstadt Mesa Grande, wo sich Dave nach seiner Zeit als New Yorker Polizist niedergelassen hat und für das Büro des Pflichtverteidigers als Ermittler arbeitet, steht die Premiere einer Aufführung der Mesa Grande Art Players kurz bevor. Bisher hat sich diese Amateurtruppe unter der Leitung eines Elektrogroßhändlers nicht über amerikanische Komödien hinausgewagt, schließlich, wie Dave bemerkt, sind die Mesa Grande Art Players nicht die Royal Shakespeare Company, aber der neue Bürger der Stadt, Martin Osborn, hat einen guten Ruf als Schauspieler und Regisseur und hat der Theatergesellschaft MACBETH aufgedrängt, gleichzeitig den Elektrogroßhändler Lloyd Cunningham, Gründer der Art Players, aus dem Regiesessel gedrängt und ihm auch nicht die Titelrolle gegeben, sondern ihn mit Banquo abgespeist. Wie Roger Meyer, Mitarbeiter von Dave, dessen Mutter 'Mom' beim Abendessen erzählt: "Cunningham was cast as Macbeth's friend Banquo, who gets killed off halfway through the play."[7]

Auch in James Yaffes Roman *Mom Doth Murder Sleep*, dem dritten Buch des Literaturprofessors am Colorado College in Colorado Springs, das abwechselnd von den Ich-Erzählern Dave und Roger bestritten wird, kommt das Thema Aberglaube gleich zur Sprache. Bei einer der Proben, an denen Roger Meyer in seiner tragenden Rolle als

Fleance teilnimmt, sitzt der berühmte Regisseur aus Hollywood, Allan Franz, im Zuschauerraum, weil seine Tochter Laurie Lady Macduff spielt. Martin Osborn will natürlich wissen, wie der große Franz seinen MACBETH findet.

> "It's good", [Franz] said. "It's a very creditable effort. I've seen plenty of professional productions of the Scottish play that weren't nearly as creditable."
>
> I'd better explain that remark. Actors are notoriously superstitious - and one of their oldest superstitions is that *Macbeth* is jinxed, that productions of it are disaster-prone. [...] Precautions are always taken to keep the bad luck away, and one of the most important is that the name of the play must never be spoken out loud inside the theatre - unless the actors have to speak it in the course of rehearsals and performances. 'The Scottish Play' is the most popular euphemism by means of which the roof of the theatre is prevented from crashing down on every body's head.[8]

Natürlich ist der neue, starke Mann der Art Players, Martin Osborn, nicht abergläubisch, wie er Roger, dem Kleindarsteller versichert, aber sicher ist sicher, und auch er hält sich weitestgehend an die Spielregeln in Zusammenhang mit MACBETH. Anders dagegen seine Fassung von Shakespeares Stück, die sehr modern, sehr amerikanisch werden soll. Allan Franz, der Filmemacher, übernimmt auch hier wieder die Rolle des wohlmeinenden Kritikers, und James Yaffe würzt diese Begebenheit mit einer gehörigen Portion Humor:

> "One thing I like", Franz said. "You're doing it fast, with plenty of cuts. All Shakespeare plays should be done with plenty of cuts. He was a big overwriter, that was the style in those days. He'd never get away with it these days. That's why I'll never make a movie out of one of his things. If you trim the fat the way you ought to, the college professors and the critics jump on you. If you leave him alone, you bore millions of people to death, and you die at the box office.
>
> Now about your directional concept, Martin. Setting the Scottish play in the old West and dressing everybody up in cowboy suits. It's interesting all right. It's original. Makes the audience look at the play in a fresh light."
>
> "That was the idea, Allan ..."
>
> "Only problem I've got with it is the language. That's pretty fancy English you've got those cowboys talking. Thee's and thou's, and blank verse, and all those complicated metaphors. But maybe, after a while, people won't notice. They'll just take it for granted this is the way cowboys talked in Elizabethan times."[9]

Allan Franz fährt daraufhin fort, alle Mitwirkenden einzeln auf ihre schauspielerischen Fähigkeiten hin unter die Lupe zu nehmen, und bringt schließlich die Bombe zum Platzen, als er den Art Players-Gründer und Banquo-Darsteller Cunningham herunterputzt. Cunninghams ganze aufgestaute Wut bricht aus dem abgeschobenen, ehemaligen ersten Mann der Truppe heraus, er schleudert sein Manuskript Martin Osborn ins Gesicht und stapft dann über die Bühne, nicht ohne seinem Abgang eine besondere Note zu verleihen:

"Okay, Martin, you don't like how I'm playing Banquo, you want more anger and hostility? I'm glad to oblige. I'm feeling nothing but anger and hostility for how you're screwing up this play! And since I never have enjoyed funerals, I'm quitting as of now! Good luck to all of you. I hope you have a big success - with *Macbeth*!"[10]

Jetzt ist der Fluch ausgesprochen, das Unheil kann seinen Lauf nehmen - und tut es auch. Martin Osborn übernimmt die Rolle des Banquo, weil er sie schon früher einige Male gespielt hat und die Dialoge ohnehin auswendig beherrscht. Am Abend der Premiere ist das Theater ausverkauft, alle zweihundert Plätze, und unter den Zuschauern befindet sich Dave, der zufällig neben Allan Franz sitzt, sowie Lloyd Cunningham, der ursprüngliche Banquo. Nach einigen anfänglichen Beleuchtungspannen kommt MACBETH in Gang, aber nach der Szene, in der Banquo ermordet wird und Fleance flieht, bricht alles zusammen. Allan Franz ist der erste, dem etwas komisch vorkommt, er eilt als erster auf die Bühne, beugt sich über den ermordeten Banquo und ruft nach einem Arzt. Der kann nur noch den Tod von Martin Osborn feststellen. Die Choreographie für seinen Tod hat der Regisseur selbst festgelegt: Mörder Eins und Mörder Zwei halten Banquo fest umklammert, während der Dritte Mörder seinen Bühnendolch in Banquos Brust stößt.

Diesmal muß nicht gerätselt werden, wer der Dritte Mörder ist, denn von Anfang an steht Harold Hapgood für diese und zwei weitere, kleinere Rollen zur Verfügung, aber Hapgood kann es nicht gewesen sein, denn der wird erst nach dem Mord im Keller des Theaters in einer Besenkammer gefunden, den schwarze Poncho um die Schultern, den er als Dritter Mörder tragen muß, jedoch ohne die schwarze Maske!

Diesmal sitzt nicht nur ein Polizist im Zuschauerraum, ein weiterer, Roger Meyer als Banquos Sohn Fleance, steht sogar während der Tat auf der Bühne, wenn auch am Rande. Zwei professionelle Zeugen also, und wieder spielt der Umhang, das Kostüm des Dritten Mörders eine Rolle. In James Yaffes Kriminalroman rund um die Aufführung von MACBETH in einer amerikanischen Provinzstadt tauscht der Mörder den schwarzen Regenmantel der Lady Macbeth gegen seinen Umhang aus und Banquo/Osborn kann im Todeskampf noch einen Knopf davon abreißen. Das führt zur Festnahme von Sally Michaels, einer Grundschullehrerin, die Lady Macbeth spielt (und außerdem genau einen Meter und fünfundsiebzig Zentimeter groß ist, wie Hapgood, der den Dritten Mörder spielt), und dies wiederum führt zur Einschaltung des Pflichtverteidigers, Dave muß ermitteln.

Er besucht auch das Büro des lispelnden Harold Hapgood, des eigentlichen Dritten Mörders, der mit seinem an den Rollstuhl gefesselten Liebhaber zusammenlebt.

"What were you doing in the basement?"
"I'd been in my dressing room. Changing into my costume for the murder scene. I was playing the role of Third Murderer. He's a very mysterious figure. He isn't in the earlier scene, when Macbeth hires the first two murderers to kill Banquo, and nobody knows why Shakespeare put him into the later scene. One theory has it that the Third Murderer is actually Macbeth himself, in disguise. Mr. Osborn wasn't taking that view in the present production, of course." [...]
"Why were you changing into your costume such a short time before you had to go onstage?"
"Oh, the Third Murderer isn't my only part in the play. I was onstage only ten minutes earlier, as the Old Man who tells the audience about the sinister birds that have been flying all over the kingdom since King Duncan's death. I had to wear a headdress and an Indian blanket for that part. The Old Man is supposed to be an Indian medicine man."[11]

Abwechselnd berichten Roger und Dave beim Abendessen Mom, was sie tagsüber erfahren haben, und Mom ist es, die entsprechende Fragen stellt und ihren Sohn, aber auch dessen Mitarbeiter auf die richtige Spur setzt. Obwohl es zum Nachtisch selbstgebackene Schneckennudeln gibt, ist Dave auch ein bißchen verärgert, daß Mom ihn vor einem Dritten so bloßstellt, denn Dave wiederholt verbatim alle seine Fragen und die von den unterschiedlichen Zeugen gegebenen Antworten. Wie Archie Goodwin hat auch Dave dieses besondere Gedächtnis, das es Mom erlaubt, Schlüsse zu ziehen, die Lösung zu finden. Es ist amüsant, wie Mom sowohl die Ermittlungen ihres Sohnes (er ist Mitte fünfzig, Witwer) als auch dessen Kollegen (er ist Mitte zwanzig, Junggeselle) steuert und die beiden Detektive mit ihrer guten Küche zum Rapport zitiert. Dave und Roger vertiefen sich in die Welt des Amateurtheaters und kommen zu dem Schluß, von Mom nach den möglichen Motiven der in Betracht kommenden Akteure befragt, daß die Schauspieler und Theaterleute sehr sensibel sind, oftmals überdreht, und daß eigentlich fast jeder ein Motiv gehabt haben könnte, Martin Osborn umzubringen, und daß Schauspieler ganz andere Motive haben als normale Menschen.

Mom was nodding her head, frowning. "This I agree with. The problem is, nobody tells you ahead of time who are the actors and who are the ordinary people."
"Meaning what, Mom?"
"Meaning it's like William Shakespeare said. You remember? 'All the world is a stage, and all the men and women are playing around on it.' This comes from a play of his called 'The Way You Like It.' This Cunningham, when you see him tomorrow, ask him a question for me, will you?"
"What do you want to know?"
"When he got into that fight the other day and quit the play, it's because he got mad at what the big Hollywood director said about his performance. He was too nice and sympathetic, Franz said. He wasn't making his character tough enough. [...] Ask him if he agrees with the criticism."[12]

Mom ist es auch, die Roger dazu bringt, sich daran zu erinnern, daß der Dritte Mörder (der ihn festgehalten hat, bevor er als Fleance entkommen ist) bei der Premiere einen auffälligen Ring getragen hat - den Ring von Sally Michaels, der Darstellerin von Lady Macbeth. Sally hat sich mit Martin Osborn darüber gestritten, ob sie diesen Ring bei der Aufführung tragen soll oder nicht. Der Regisseur hat nicht nur den Ring für geschmacklos gehalten, sondern ist auch von Sallys Darbietung insgesamt nicht überzeugt gewesen, weil sie jede Szene so gespielt hat, als würde sie schlafwandeln. Schließlich wird Roger bei Mom am Telefon verlangt, ins Theater bestellt, wo sich der anonyme Anrufer als der Dritte Mörder herausstellt - als Harold Hapgood. Hapgood hat eine wichtige Mitteilung im Mordfall Banquo zu machen, und weil er nicht belauscht werden will, setzt er sich mit Roger mitten auf die Bühne. Da kündigt sich erneut Unheil an, wiederum durch den Gebrauch des Namens des Stückes:

"So what's all this about, Harold?"
He gave a little start. "Oh, sorry, I guess my mind was wandering. I've been under such strain!"
"What kind of strain?"
"The play, to begin with. *Macbeth* is such a - Oh my God, I said it, didn't I? I said the name - inside the theatre!"[13]

Auch Harold ist wieder etwas eingefallen, wiederum ist es etwas, das Sally belastet: er hat ihr Parfüm gerochen, als ihm die Maske gestohlen und er in die Besenkammer gesperrt worden ist. Das hat Harold unbedingt Roger gleich mitteilen müssen, aber unter so geheimnistuerischen Umständen, daß Roger beinahe Mitleid mit dem kleinen, lispelnden Mann bekommen hätte. Schließlich verabschieden sie sich mitten auf der Bühne, da geht das Licht aus, Roger erhält einen Schlag auf den Kopf und wacht erst später wieder auf, als das Theater scheinbar schon in Flammen steht. Dave, der zur Sicherheit in einer Seitenstraße geparkt hat, dringt ins Theater ein, findet zwei entzündete Rauchbomben, entdeckt die Leiche Hapgoods und eilt Roger zu Hilfe. Nach einer langen Nacht finden sich Roger und Dave wieder in Moms Haus ein, essen erst Hühnersuppe, dann noch ein paar Schnekkennudeln, während Mom darlegt, wie der doppelte Mord zu lösen ist: Dave soll alle Mitwirkenden ins Theater bestellen. Auch hierbei drängt sich ein Vergleich mit der Methode von Nero Wolfe auf, dessen Fußvolk (Archie Goodwin und angeheuerte Ermittler wie Saul Panzer beispielsweise) ihm alle notwendigen Informationen beschafft und die Betroffenen zusammentrommelt, zum großen Schlußakt. Nur Dave weiß vorher, wer der Schuldige ist, aber auch nur, weil Mom es ihm gesagt hat. Alle sind versammelt, Dave beginnt mit der Aufklärung des Verbrechens, und wieder geht er auf den Aberglauben der Theaterleute ein:

"First of all", I said, "in the course of this reconstruction, I'm going to have to use the forbidden word, and more than once too. It's the name of the play, so there's no way I can avoid it. If you believe in that old superstition, I apologize to you. Chances are - when I say the word - Macbeth - the bad luck will come down on my head, not yours. Though I'd better warn you, a lot of bad luck is going to come down on one of you before I'm through."[14]

Ein weiteres kleines Mosaiksteinchen im Gesamtbild der wirklichen Tatumstände liefert der MACBETH-Fluch, als Dave beziehungsweise Mom erklären, der Streit zwischen Osborn und Sally in deren Garde-

robe habe nicht stattgefunden, weil Osborn ganz bestimmt nicht dreimal in kürzester Zeit den Namen des Stückes laut innerhalb des Theaters gesagt hätte. So nimmt Dave ein Alibi nach dem anderen ausein-
ander, deckt einen Widerspruch nach dem anderen auf, bis er am
Schluß der von ihm inszenierten Vorstellung (nach dem Drehbuch
seiner Mom) den Dritten Mörder entlarvt - und dann den Mörder des
Dritten Mörders.[15]

Anmerkungen

1 Marvin Kaye, *Bullets for Macbeth* (New York, Dutton 1976).
  Zwischen den Schauspielern Mills und Whelan ist es früher einmal zu
  einem Vorfall gekommen, der mit dem sprichwörtlichen Aberglauben in
  Zusammenhang steht:
  "Something about *Hamlet*?"
    "That wasn't the problem. The son of a bitch was paraphrasing lines
  from *Macbeth*!"
    "So what?"
  "Are you kidding? That's worse than whistling in the dressing room
  before a performance!" (p. 26).
2 *Bullets*, p. 19. Nach Marvin Kaye ist es in Schauspielerkreisen üblich,
  Akt III, Szene 6 einfach mit 36 zu bezeichnen.
3 *Bullets*, pp. 22 f.
4 *Bullets*, p. 77.
5 *Bullets*, pp. 170 f. Außer von dem Kritiker E. K. Chambers hat Hilary sich
  noch Notizen von Blanche Coles gemacht, deren *Shakespeare Studies* 1938
  in New York erschienen sind.
6 *Bullets*, pp. 172 ff.
7 James Yaffe, *Mom Doth Murder Sleep* (New York, St.Martin's Press 1991),
  p. 13.
8 *Mom*, p. 14.
9 *Mom*, pp. 15 f. Der Autor bemüht zwar den Namen des berühmten japanischen Regisseurs Kurasawa, aber die MACBETH-Verfilmung des europä-
  ischen Regisseurs Polanski aus den siebziger Jahren hätte dem Hollywood-
  Mann 'Allan Franz' auch bekannt sein müssen.
10 *Mom*, p. 18.
11 *Mom*, pp. 83 f. Wie schon Marvin Kaye, so greift James Yaffe auch die
  Mehrfachbesetzung kleinerer Rollen bei Shakespeare auf.

12 *Mom*, p. 100. Das von Mom 'The Way You Like It' betitelte Stück ist natürlich AS YOU LIKE IT, die entsprechende Textstelle findet sich in Akt II, Szene 7:

> *Jacques*   All the world's a stage,
> And all the men and women merely players;
> They have their exits and their entrances.

13 *Mom*, p. 146.

14 *Mom*, p. 172. Bei der Rekonstruktion setzt Yaffe auch sehr humorvoll die im Elisabethanischen Theater oft übertrieben bemühte Gestik des Sexuellen ein. Laurie/Lady Macduff ist nicht mit Lampenfieber spuckenderweise auf der Toilette gewesen, als Banquo/Osborn ermordet worden ist, sondern hat Roger/Fleance beobachtet:

> "I wanted to watch you. When you came on as Fleance in the murder scene. You wear those tight-fitting cowboy jeans, and the top button of your shirt is open - well, you obviously don't know it, but you look terrifically sexy! And when the Third Murderer grabbed you around the neck and pulled you back, and the lower part of your body kind of shoved itself forward - I loved to watch that part, I just couldn't get enough of it!" (pp. 179 f.).

15 Yaffe benutzt in seinem Kriminalroman neben AS YOU LIKE IT auch HAMLET und ROMEO UND JULIA. Einmal vergleicht der Regisseur Franz seine Tochter Laurie mit Julia, die vor Glück lacht, als Romeo über den Balkon klettert, und die bitterlich weint, als sie seine Leiche sieht (p. 34). An anderer Stelle bittet er sie, nicht die Rolle von 'Hamlet's mama' anzunehmen und das für Hamlet gedachte Gift einzunehmen (p. 209), und Cunningham wirft er vor, Hamlet zu spielen und nicht Banquo (p. 17).

SIEBTES KAPITEL

Charakterstärke und Alltagstragödie

Henri Castang geht vor seinem Arbeitstag im Polizeipräsidium einer nordfranzösischen Stadt öfter ins Russische Teehaus, um Kaffee zu trinken, meistens wenn Vera, seine Frau, vergessen hat, welchen einzukaufen. Den löslichen Kaffee seiner Sekretärin, Madame Metz, kann Castang nicht trinken. Er geht schon seit Jahren ins Russische Teehaus, obwohl der Besitzer schon seit mehr als dreißig Jahren keinen russischen Namen mehr trägt. Eine der Bedienungen heißt zwar Olga, stammt aber aus Lateinamerika, ebenso wie ihre Kollegin Elena, die mit dem Polen Joseph verheiratet ist. Diesmal kommt der Besitzer auf den Kommissar zu und spricht von seinem Verdacht, den er hat, seit Joseph nicht mehr regelmäßig im Teehaus vorbeikommt, um einen Kaffee zu trinken. Vorsichtig soll Castang vorgehen, nicht sagen, wer ihn geschickt hat, aber der Kaffeehausbesitzer ist beunruhigt.

Castang geht zusammen mit seiner Mitarbeiterin Véronique Varennes zum Haus der Verdächtigten, um nach dem Rechten zu sehen. Bald gesteht Elena, ihren Mann umgebracht zu haben, weil er sie betrogen hat.

A strong, active woman, single-minded about a task, can manage remarkable feats. Alone, for she was determined to involve no other person, she had wrapped the body in old sheets. She had stripped then and taken a shower - that needed no explaining. Dressed in old working clothes she had got her horrid parcel out of the house. [...] Elena sat quiet at the kitchen table, her hands folded. She looked without curiosity at the antics of the technicians. I had explained to her that scrub as one may there is no getting rid of blood: in the lab the smallest fragment shows the size of a dinnerplate.[1]

Als Castang die Mörderin nach der Tatwaffe fragt, zieht Elena die Schublade des Küchentisches auf und händigt dem Labortechniker ein Küchenmesser mit einer zweiunddreißig Zentimeter langen Klinge aus, mit dem Griff voran. Dann aber bricht sie heulend zusammen, schlägt die Hände vors Gesicht:

"Blood", she said, holding her arms out, her eyes tracing the line from fingertip to shoulder. "Blood." She brushed her fingers down from her forehead to her neck and chest and down to her thighs. "Under the shower, the water was full of blood. I drew bucket after bucket of water. I made a terrible noise." [...] I could not stop thinking of Lady Macbeth. 'What, will these hands ne'er be clean.' Scrubbing at the spots. Elena's lifetime will not be enough to scrub it all clean.[2]

Nicolas Freeling läßt in seinem anspruchsvollen Roman mit dem Titel *Lady Macbeth* den Serienhelden Henri Castang diesen klaren und eindeutigen Fall von Mord schnell lösen, der Vergleich zu Shakespeares Figur drängt sich auf - nicht nur durch die Beschreibung der Elena als willensstarker Frau, sondern auch durch das Bild des Händewaschens. Dieser unkomplizierte Mordfall ist aber nur die Einführung in einen weiteren Fall, bei dem diesmal nicht der Ehemann, sondern die Ehefrau spurlos verschwindet und sich Freunde um die Verschwundene Sorgen machen, allen voran Arlette Davidson, die inzwischen wieder verheiratete Witwe von Kommissar Van der Valk, einer anderen Serienheldenfigur des Autors. Arlette ist mit Arthur verheiratet, einem Kriminologen, der dem Europarat in Straßburg zuarbeitet. Arlette weiß also besser als jede andere Frau, daß Beweise herbeigebracht werden müssen, damit die Polizei einen 'Fall' konstruieren kann. Beweise aber hat sie nicht. Dennoch bestürmen sie und ihr Mann Arthur den anfangs fast hilflos wirkenden Castang, doch einmal nachzuforschen.

Nicolas Freeling hat in seinem Castang-Roman das Stilmittel des Polizeiprotokolls gewählt, um einzelnen Personen Gelegenheit zu geben, die Ereignisse aus ihrer Sicht zu schildern. Wie in einem echten Fall werden Protokolle erstellt, getippt und gesammelt, dann ausgewertet. Arthur Davidson, der Kriminologe, erhält die Aufgabe, die Protokolle zu kürzen und verständlich zu machen, die später veröffentlicht werden sollen - als Kriminalroman *Lady Macbeth*. Das kriminal(trivial)literarisch anspruchsvolle Konstrukt spiegelt die mehr als verzwickte Handlung wider, die sich zum Teil nur in der Phantasie der Beteiligten abspielt und zwangsläufig zu einem 'offenen Ende' führt. Die Geschichte der 'zweiten' Lady Macbeth ganz kurz: Sibille und Guy Lefebvre, seit langem verheiratet, kinderlos, ziemlich vermögend. Guy ist Landschaftsarchitekt und hat mit seinen Zeichnungen ebenfalls Erfolg. Sibille will, daß er Maler wird, noch mehr Erfolg und Ansehen verbinden sich mit diesem Beruf, und sie eröffnet eine

Galerie.[3] Bei einer Wochenendreise in die Vogesen geraten sich die beiden in die Haare, Sibille steigt einfach aus und geht weg, mitten im Wald, Guy fährt weiter, überläßt Sibille ihrem Schicksal. Seither sind beide wie vom Erdboden verschluckt. Arlette nun ist der festen Überzeugung, daß Guy seine Frau umgebracht hat und setzt alle Hebel in Bewegung, damit eine (wenigstens halbamtliche) polizeiliche Untersuchung eingeleitet wird, wobei die Hauptanlaufstelle ihre Nachbarn sind - die Castangs.

Charakterstudie und Polizeiroutine

Arlette, die Freundin von Sibille, muß in ihrer Einschätzung selbst zugeben, daß Guys Ehefrau Züge von Lady Macbeth gehabt hat. In ihrer ersten, zu Protokoll gegebenen Aussage, die den 'Fall' ins Rollen gebracht hat, liest sich das so:

> What was it put Macbeth in mind? She is Scotch, of course, and her pleasure in the slightly vulgar gallery success was a scrap indecent: 'now art thou thane of Cawdor'. She did gloat rather over the little red dots that said 'sold'.

Bei einem späteren Gespräch zwischen den Castangs und den Davidsons wird Arlette, möglicherweise unter dem Einfluß von einem Glas Whisky, noch deutlicher:

> "Sibille is or was a fiercely ambitious woman. She saw him getting the big commissions for real money. The plush estates, the fast young millionaires. Whereas he - I can see him hating it. Hating her for pushing him. But isn't she Lady Macbeth? She's determined to see her man come on top. She'll stop at nothing to get rid of the rivals. [But] I don't believe Lady Macbeth would have commited adultery for all the gold of France and Navarre."[4]

Seit einem halben Jahr ist Sibille verschwunden, Guy auch. Arlette erinnert sich, daß die Lefebvres auf Sibilles Wunsch ein Schlößchen in Südfrankreich gekauft haben, eine Stufe weiter auf der Gesellschaftsleiter nach oben geklettert sind. Ein Nachbar dort ist Adrien Richard, Polizist im Ruhestand, von dem sich Arlette und Arthur Aufschluß über das Verhältnis zwischen Sibille und Guy nach deren Umzug nach Südfrankreich erhoffen. Richard aber legt bei seinem Gespräch, das

als Abschrift einer Tonbandaufzeichnung wiedergegeben wird, die ab-
geklärte Haltung eines Realisten an den Tag, der viel gesehen hat:

"Man drives, woman nags. He says get out and walk, and blimey, she does."[5]

Adrien, Arthur und Arlette überlegen hin und her, ob Guy denn
nicht zugeschlagen, zu hart zugeschlagen haben könnte. Guy hätte
sich wahrscheinlich gestellt, oder Sibille ins Krankenhaus gefahren.

"Artist, you say. Romantic temperament, impulsive? A dependant character. He wouldn't last a week. He'd see Banquo's ghost."
"Adrien, I've thought of all this. He has found, somewhere, some justifi-
cation."
"You mean that he couldn't help himself? That it was all Lady Macbeth's
fault?"
"Adrien, I know it sounds silly, but I think she was Lady Macbeth."[6]

Guy, der inzwischen wieder aufgetaucht ist (er hat in Deutschland -
das ist ja nur auf der anderen Seite der Rheinbrücke von Straßburg
aus - ein Projekt begutachtet), übernimmt freiwillig die Spesen für
Castang, der sich vom Dienst für einige Tage befreit und ernsthaft
nach Sibille sucht. Auch mit der Agentin von Guy führt Henri ein
Gespräch, stellt Fragen an die Charakterzeugin für das Ehepaar Lefebvre:

"If I were to disappear it would be quite a legitimate inference that I'd gone
with a man. I don't think that's the case with Sibille."
"I - hate - men. I can't abide them even now and then ...". She put her
head back and laughed.
"That's *Kiss Me Kate*. I don't know about hate. Despise, perhaps. She
hates a lot of things, including herself. [...] Sibille is a raging sea of conflict.
Guy after all has his art to fall back on; he's genuinely talented. Love
gardens to that extent, you're not a barbarian. Sibille is barbaric."
"A woman I interviewed said she was Lady Macbeth."
"But yes! You haven't mentioned it, but it must be in your mind that he
might have killed her. The other way round would be more likely."[7]

Henri Castang fährt sogar nach Schottland und sucht Sibilles Schwester Faith auf, denn Guys Frau hat immer mit ihr in Verbindung
gestanden. Castang, der Franzose, wird mit nordischer Kühle empfan-

gen, aber obwohl Faith nicht sehr viel sagt, rundet sich das Charakterbild ihrer Schwester ab:

"My sister is an extremeley proud and also highly secretive woman, and if she has left him, which seems to be the case, she'd take it very hard. She'd find it very difficult to admit failure. It was all her work, you know. Guy has talent, but no determination, no drive. Every scrap of his success he owes to her."[8]

Die Verdachtsmomente gegen Guy aus Sicht der Polizei aber häufen sich, Guy wird sogar festgenommen und verbringt einige Tage in Untersuchungshaft. In dieser Zeit läßt er sein Leben an sich vorbeiziehen, brütet viel nach, schreibt eine Art Tagebuch, wohl mehr, um sich selbst zu beschäftigen. Darin kommt Guy Lefebvre immer wieder auf Sibilles Charaktereigenschaften zurück, auf ihre gegenseitige, lebenslange Beziehung:

I'm in jail! This has its comic side. I do have some sense of humour. I seem to lose it rather often. One can't put that down to Sibille's 'influence' even though she was a rather humourless person and really throughout the years it is the one reproach I make of her. She certainly influenced me a great deal, but her character was stronger than mine. [...] And when she made up her mind it stayed up. [...] I am a highly candid person. Sibille was forever cooking up schemes involving Swiss bank accounts.[9]

Selbst nachdem Guy wieder entlassen wird, wobei ihm ein Straßburger Rechtsanwalt namens Serge Silberstein behilflich ist, führt er sein Tagebuch weiter, weil er sich während des Gefängnisaufenthaltes daran gewöhnt hat. An einer Stelle gesteht er sich ein, daß ihn eine Frage von Henri Castang geplagt hat, nämlich die Frage : "Was she like Lady Macbeth?"[10]

Frauenbildnisse und Landschaftsbilder

Immer wieder kehrt Henri Castang auf die Frage zurück, wie denn wohl Lady Macbeth ausgesehen haben mag. Auch im Büro stellt sich ihm diese Frage wieder einmal - und wieder einmal wird das Thema Polizei und Bildung angeschnitten, wobei der gebürtige Engländer Nicolas Freeling, der seit Jahren in Straßburg lebt, die französischen

Vertreter der Polizei mit einer vergleichsweise umfassenderen Literaturkenntnis ausstattet - schließlich ist Shakespeare kein französischer Klassiker. Castang, um seine Vermutungen über MACBETH durch eine zweite, unabhängige Stimme zu bekräftigen, zieht seine wesentlich jüngere Kollegin Véronique Varennes zu einem Gedankenaustausch heran, erzählt ihr die Geschichte von Guy und Sibille:

> "Did you ever get *Macbeth* as an English text?"
> "I seem vaguely to remember witches."
> "I'm serious."
> "Pretty confusing story but some lovely poetry lets him get away with it."
> "Elena. You know, the waitress at the Russian Tea Room. She couldn't get the blood off."
> "Yes", Varennes said. "I thought you didn't have any problems with that?"
> "No more do I, or so I hope. What's the point about Lady Macbeth? She'll knife you, and if needed, her own husband, given strong enough motivation, right?"
> "Even if that Polish woman - no, she's Spanish, isn't she? - is a bit Lady Macbeth you aren't going to go seeking parallels in stuff like this. I don't get the connection anyhow."
> "Now sharpen your wits, Varennes. Macbeth didn't want to kill the king, witches or no witches. He found excellent reasons against doing so. He's my king, he said, and I owe him my loyalty. And strongest of all, he's a guest in my house: sacred. And then the woman worked on his weak brains, weak nerves, and weak resolution. Now suppose she commits some treachery, not some pissy little adultery but hitting him really deep in his innermost fears and insecurities. He's got far more motive to put the knife into her than into any king!"[11]

Obwohl die nüchterne Véronique ihren Chef deutlich warnt, Parallelen zwischen einem Theaterstück und einem Verbrechen zu ziehen, das möglicherweise keines ist, spricht Castang auch mit seiner Frau über seine Gedankenspiele. Vera, eine gebürtige Tschechin, ist aber eher eine Frau, die auf der Linie von Véronique liegt, sie denkt klar, hält sich an Tatsachen und erkennt genau, daß Henri eigentlich gar nicht an die Theorie glaubt, die er selbst aufgestellt hat, eine Theorie, von der auch Arlette ausgegangen ist:

> He mentions this Lady Macbeth notion. I can see that he is quite taken with it. In this scenario the Lefebvre woman - Sibille she's called - was madly, morbidly ambitious. He was unable to cope with this. Arlette thinks that

instead of putting the dagger into poor old Duncan, and then stupid honest Banquo in the cover-up, he put it into her instead. I don't quite get this. No, says Henri, nor do I.[12]

Und da Henri Castang, der Polizist, mit seinen kriminalistisch-literarischen Vergleichen nicht weiterkommt, muß er sich noch einmal an die Fußarbeit des Ermittlers machen, die Vogesen abfahren, Spuren suchen, Guy nochmals in Straßburg aufsuchen, wo der Landschaftsarchitekt eine kleine Einzimmerwohnung gemietet hat, um schneller bei seinen Auftraggebern in Deutschland zu sein. Henri mietet sich in Straßburg auch ein Auto, fährt über die Rheinbrücke zu den östlichen Nachbarn, versucht, Lefebvres Angaben zu überprüfen. Allem Anschein nach hat Guy immer die Wahrheit gesagt, auch wenn man im Kofferraum seines Wagens Erdspuren gefunden hat, auch wenn er immer einen Spaten dabei hat - Guy hat immer nur Bäume gepflanzt, Gärten angelegt, Kunden besucht. Castang macht kehrt, fährt wieder über den Rhein zurück, überzeugt davon, daß er nichts übersehen, nichts ausgelassen hat - auch keine noch so abwegige Überlegung, aber unbefriedigt, unzufrieden mit dem Ausgang des Falles, der keiner gewesen ist.

I turned the selfdrive in, back in Strasbourg. Wrote out an expense note. One day, a couple of meals, some petrol. Thinking time. But it was at an end, now. No useful work for a commissaire of Police Judiciaire. Less still for the private eye. Nothing left but a few legal formalities. Nobody can know. No one ever will know. Except of course for Guy and Sibille. But that is their affair. Finish.[13]

Und Guy Lefebvre tut, was Sibille von ihm verlangt hat: er malt. Täglich geht er ins Hafenviertel von Straßburg oder auf die Brücke über den Rhein, weil er die 'malerischen' Flecken dieser Stadt lieber den Touristen überläßt. Tagsüber malt Guy, nachts geht er aus, denkt viel über sich und Sibille nach, vergleicht sie mit den Prostituierten, die ihm begegnen und ihm Angebote machen (und die er allesamt ausschlägt). Ein alter Mann sieht ihm eines Tages beim Malen zu, plaudert über den Rhein, zitiert Heinrich Heine, nichts Außergewöhnliches. Aber nach wie vor führt Guy sein Tagebuch, vertraut ihm seine innersten, geheimsten Gedanken an, spricht mit ihm, sozusagen, denn er ist viel allein.

Nichts läßt einen ordentlichen Menschen wie Castang aber so unbefriedigt wie ein unaufgeklärter Mord, schon gar nicht einer, von dem keiner wirklich weiß, ob er je geschehen ist. Henri Castang setzt sich also das Ziel, doch noch Licht in die Affäre der Lady Macbeth Nummer Zwei zu bringen (nachdem er im Falle Elena alles erledigt hat) und unternimmt noch einmal eine Reise nach Straßburg. Weil er allein ist und sich nicht mit anderen Beobachtern in Überwachungsaufgaben teilen kann, beschließt er, den Maler und Gärtner wissen zu lassen, daß er beschattet wird, zeigt sich offen. Guy wird überrascht und willigt in ein Gespräch mit Henri über Sibille ein, von der man inzwischen sicher annimmt, daß sie nicht mehr am Leben ist.

"It struck me how often a comparison got made with Lady Macbeth."
Guy was mildly amused. "Mm, Macbeth was a good soldier. Liked by his troops, respected by other commanders - he and Banquo got on well. Pretty useful general. I don't know much about generals. We never know much about their wives, do we? Whoever heard of Mrs. Wellington?"
"Women provide strength of character. Common sense. Judgment. As well as ambition."
"Indeed, Sibille was all those things."
"Well-matched pair?"
"Certainly. I learned to rely upon her in all my dealings. She saw a need to protect and to push. She had the force and tenacity I lack."
"And would you agree that she became overdominant and that you came to resent this?"
"How does it go then? - that Macbeth finding that his wife has put him properly in the shit slips her ratpoison in the cocoa? Forget this *Macbeth* nonsense."[14]

Auch nach dieser zweiten Ermahnung, klassische Literatur und kriminelles Geschehen nicht miteinander zu vermengen oder zu vergleichen, ist Henri Castang noch immer von seiner Idee überzeugt, daß Sibille ihren Mann in tieferem Sinn betrogen hat. Er kann aber weder diese Vermutung beweisen noch Arlettes gefühlsbedingte Behauptung, Guy habe seine Frau umgebracht. Also bleibt doch alles offen? Nach all der Mühe, den Diskussionen über Ehrgeiz, Treue, Verrat, Kunst und Liebe?

Wieder allein mit Vera, sinniert Henri vor sich hin, und weil er die wirklichen Akteure (Guy und Sibille) nicht letztendlich beurteilen will, hält er sich an Shakespeares Stück:

> Close the circuit. Lady Macbeth killed Duncan, and her bemused idiot of a man made away with his old comrade-in-arms Banquo; and who is that Third Murderer anyhow? Do we care? They are thin characters and it's difficult to take much interest in either the king or the general. What is true, and clear, is that Macbeth and his wife destroyed one another. There is the tragedy. Strength and weakness hand in hand. What matter whether the kingdom be the size of Scotland, or that over-tidy four-room apartment of Elena's? We devour one another. Love is hate.[15]

Anmerkungen

1 Nicolas Freeling, *Lady Macbeth* (1988, Penguin 1988), p. 22. Nicolas Freeling, Schöpfer der Van der Valk Serie, hat diesem Roman eine Widmung an Raymond Chandler vorangestellt und an dessen Roman *The Little Sister* erinnert, weil dort die Frage nach dem Aussehen der Lady Macbeth gestellt wird. (Siehe Anm. 3 der Einleitung). Im Verlauf des Romans kommt Freeling auf diese Stelle bei Chandler zurück:

> 'Was she like Lady Macbeth?' It is out of a book by Chandler: a typical joke. We learn at the end what we had been suspecting, that this mouse in rimless glasses is a multiple murderess. 'Nobody looked ever less like ...', but what did Lady Macbeth look like? Like Simone Signoret, or Mrs. Danvers in *Rebecca*? An Edwardian actress like Ellen Terry, in a glory of brilliant oriental stuffs and barbaric jewellery? Red braids down to the waist and an iron crown on top? [...] Or did she look like the Little Sister? (p. 86).

2 *Lady*, pp. 23 f.
3 *Lady*, p. 89: "She wanted me to concentrate on painting: more money in that. I wasn't prepared to agree."
4 *Lady*, p. 35 und pp. 156 f.
5 *Lady*, p. 40.
6 *Lady*, p. 41.
7 *Lady*, p. 133.
8 *Lady*, pp. 142 f.
9 *Lady*, pp. 62 ff. Ein Nachbar der Lefebvres, Dr. Thorpe, hat die Geheimniskrämerei von Sibille ebenfalls bemerkt: "She could be very simple and forthcoming, and you'd suddenly strike secretiveness and reserve." (p. 101).

10 *Lady*, p. 86. Maìtre Silberstein hat Regale mit Kriminalromanen sogar in seinem Schlafzimmer stehen, wie Guy bei einem Besuch entdeckt. Freeling baut an dieser Stelle eine kleine, humorige Kritik an Kollegen ein:

> Serge is a great crimefiction addict. Comic on the subject of Travis McGee, a mercifully fictional figure of fun who gets interested in justice when there's money involved. He has to support a playboy-like life-style, not to speak of more women than James Bond. And they never come back to pester him. (p. 64).

Ian Fleming wird auch von Arlette zitiert, die erwähnt, daß der Erfinder von James Bond die Vogesen einmal als 'hillocks' beschrieben hat, obwohl die Vogesen in Wirklichkeit, gemessen an englischen Maßstäben, ein Hochgebirge darstellen (p. 28).

Im Gespräch mit Arlette läßt Freeling den Ex-Polizisten Adrien folgende Kritik an einer bestimmten Sorte Krimi-Held äußern:

> "A cop with any sense is going to say 'Make way for the Justice of God' pretty often. Because if he fails to do so he's liable to start thinking himself an instrument of justice, and opening fire. The vengeance-is-mine-syndrome. Start with your decent outlaw, Robin Hood, continue all the way to the mad bomber. You'll find the same fundamental fallacy in all of them, from Achilles to Dirty Harry." (p. 43).

Hinter dem biblischen Syndrom verbirgt sich auch der Titel eines Kriminalromans von Mickey Spillane aus dem Jahr 1950! Dirty Harry/Clint Eastwood bedarf keiner Erklärung, aber Bomber Harris fällt etwas aus der Reihe (zumindest in der Größenordnung).

Arlette ihrerseits wird die Bemerkung über eine andere Heldengestalt der Kriminalliteratur in den Mund gelegt, eine Überlegung in die gleiche Richtung, allerdings:

> As a schoolgirl I used to think 'Who needs evidence?'. Put a bullet in the bugger; his blood on the deck is all the evidence we need. But one grows up, and out of Bulldog-Drummond years. (p. 45).

Zur Erinnerung an Hugh 'Bulldog' Drummond eine Kurzcharakteristik aus Penzler/Steinbrunner/Lachman (Hrsg.), *Detectionary* (1971, Overlook Press 1977), p. 29: "Captain Hugh Drummond, a demobilized officer who finds peace dull after the Great War, has the appearance of an English gentleman: a man who fights hard, plays hard and lives clean. Drummond goes outside the law when he feels the ends justify the means."

Auch auf Nicholas Blake wird angespielt, auf seinen Roman *The Smiler With The Knife* (1939), und zwar benutzt Freeling dieses Zitat aus Chaucers *Canterbury Tales* im Zusammenhang mit Castangs Überwachungsaktion in Straßburg :

How idiotic was my pretty little theory. It is often so in police work. Mean to say, there's old Castang being the smyler-with-the-knyf, thinking he has Lefebvre properly bent, waggle him a bit today and he'll fall apart. (p. 221).

Hier fällt auch der Name Hercule Poirot (p. 222).

11 *Lady*, pp. 53 f.

12 *Lady*, p. 174.

13 *Lady*, p. 170.

14 *Lady*, pp. 210 f.

15 *Lady*, p. 255.

ACHTES KAPITEL

Gewissensfragen und Gerechtigkeitssinn

Ende des vorigen Jahrhunderts, ein genaues Jahr legt die Kriminalschriftstellerin Alanna Knight nicht fest, muß sich Inspektor Jeremy
Faro, ihr Serienheld, mit zwei schnell aufeinanderfolgenden Frauen-
morden auseinandersetzen.[1] Beide Frauen sind jung gewesen, blond,
gut gewachsen, beide sind mit einem Halstuch erdrosselt und in einem
abgelegenen Stadtteil von Edinburgh gefunden worden. Sarah Hymes
heißt das eine Mordopfer, das andere Lily Goldie. Im Mordfall der
Sarah Hymes haben es die Detektive von Inspektor Faro verhältnis-
mäßig leicht, denn der bald nach der Tat gefaßte Ehemann, Patrick
Hymes, gesteht sein Verbrechen, das schwer auf ihm, dem gläubigen
Katholiken, gelastet hat. Von Lily Goldie aber will er nie etwas gehört
haben, streitet nachdrücklich ab, sie gekannt, geschweige denn umgebracht zu haben. Dennoch wird Hymes wegen zweifachen Mordes vor
Gericht gestellt und verurteilt. Faro kommen Zweifel, ob er nicht etwa
an einem Justizirrtum mitgewirkt hat.

> "I know I'll go to hell for the cruel thing I did to Sarey and all the saints'
> prayers can't save me from the gallows tomorrow."
> There was an Othello-like dignity about the shabby little Irishman who
> had killed for love gone wrong, and despite the evidence of that second
> murder Faro had an unhappy feeling that he had listened to the truth and
> was assisting a miscarriage of justice, as well as ignoring the implication
> raised by Hymes's protestations of innocence: the existence of a second
> murderer.[2]

Faro, ein Witwer, lebt mit seinem Stiefsohn Vince in einem Haus, das
von Mrs. Brooks bewirtschaftet wird. Vince, ein junger Arzt, ißt mit
Faro zu abend, sie unterhalten sich auch über den Fall Hymes. Vince
ist der Ansicht, Lily Goldie sei durch den Sturz im Park ums Leben
gekommen, der Schal sei ihr erst nachher um den Hals geschnürt
worden, um den Unfall wie einen Mord aussehen zu lassen. Dies ist
genau die Verteidigung des armen Patrick Hymes, aber wie soll Faro
das beweisen?

"We can't, unless we produce a second murderer."
"Or unless our second murderer strikes again. Talking of which, the Pleasance Theatre are putting on *Macbeth* this week. Shall I get you a ticket?"
"I don't know that I'm strong enough to see the Immortal Bard murdered by amateurs just now."
Vince laughed. "Don't be such a snob, Stepfather. They are professional actors: Mr. Topaz Trelawney's Thespians. You must see them, particularly the leading lady. She's an absolute stunner, probably Mrs. T."[3]

Der Buchstabe T erinnert Faro daran, daß die Oberin des Konvents, in dem Lily Goldie gewohnt hat, ihm ein Foto zugeschickt hat, das Foto eines jungen Mannes, auf der Rückseite ein T. Der zu Königin Victorias Lebzeiten namentlich unbekannte Kommissar Zufall hilft Faro weiter, denn als er das Foto Vince zeigt, erkennt dieser darin einen Studienkollegen namens Timothy Ferris. Der ist in Lily verliebt gewesen, hat dann aber aus Liebeskummer Selbstmord begangen. Da Timothys Foto aus Lilys Zimmer im Konvent stammt, ist Faro verärgert über die schlampige Arbeit seiner Untergebenen. Der Fall nagt an ihm, und immer wieder liest er zuhause in den Zeitungsausschnitten über den zweifachen Mord nach, die Vince für ihn gesammelt hat. Um seinen Stiefvater aufzumuntern, erinnert er ihn daran, daß am Mittwoch OTHELLO auf dem Spielplan steht.

Faro thanked him bleakly. *Othello* would hardly be a cheering experience.
"Has it occurred to you, Stepfather, that there is a great deal of similarity between Othello and Hymes?"
Faro gave him a sharp look. How odd that the same idea had occurred to him at that last melancholy interview.
"Othello, you must admit", Vince continued, "was even more stupid than Hymes. Can you imagine any man gullible as the Moor rising to illustrious heights as Shakespeare tells us? A man who would murder his lovely young Desdemona on Iago's testimony? People don't behave like that in real life. Othello would have had a shocking row with her and then all would have been tearfully revealed."[4]

Faro läßt die Sache nicht auf sich beruhen, geht den bekannten Spuren noch einmal nach, befragt die Mutter des Konvents, aber auch die Freundinnen von Lily Goldie. Von denen erfährt er, daß Constable McQuinn oft im Garten des Konvents mit den Mädchen geflirtet hat, ausgerechnet der Polizist, der bei der Untersuchung von Lilys Zimmer das Foto von Timothy Ferris übersehen hat. Ein neuer Verdächtiger? Auch ein Adeliger, den man Mad Bart nennt, kommt für den Mord an Lily in Frage. Merkwürdigerweise hat McQuinn diesen Mann auch nicht vernommen. Faro, der sich selbst zur Aufgabe gemacht hat, schlüssig zu beweisen, wer Lily ermordet hat, muß noch viele Spuren verfolgen, aber an diesem Abend, so ermahnt ihn Vince, soll er sich entspannen:

> "Shakespeare will be a capital opportunity for you to relax. A nice murder, on stage for a change, that you can watch and enjoy, without having to solve."[5]

Mit dieser witzigen Bemerkung machen sich Stiefvater und Stiefsohn auf ins Theater, und der Skeptiker fühlt sich in seinen Befürchtungen bestätigt, will nach dem ersten Akt gehen, besinnt sich aber eines Besseren, als Alison Aird ihren ersten Auftritt als Desdemona hat. Am Ende des zweiten Aktes applaudiert Faro ebenso laut wie Vince und seine jungen Freunde, gebannt von der Schauspielkunst Desdemonas.

> Her talents obviously belonged in the ranks of the great Shakespearean actors on the stages of London and New York.
> 'Kill me tomorrow: let me live tonight.' The words, uttered in no more than a whisper, reached every seat in the house, and sent a chill through Faro. For a moment he forgot that this was a play he was watching. [...] What was coming over him? he wondered. That strange dark moment out-of-time on stage - too many wife-slayers?[6]

Wieder spielt der Zufall eine Rolle: nach der Vorstellung begegnet Faro der Schauspielerin vor dem Theater, besorgt ihr eine Kutsche und fährt ein Stück mit ihr, verliebt sich sogleich. Anderntags nimmt er Alison Aird mit auf eine Fahrt mit dem Pferdegespann übers Land, auf der Suche nach weiteren Spuren im Mordfall Lily Goldie bei deren Verwandtschaft. Wenige Tage später machen Alison und Jeremy ein Picknick, es kommt zu einem Kuß, sogar zur Andeutung eines Heiratsantrages, aber Alison wehrt ab. Sie erzählt ihre Lebensgeschichte. Auch sie ist Witwe, ihr Sohn ist bald nach der Geburt gestorben, an Wiederheirat denkt sie nicht. Außerdem geht die Spielzeit in Edinburgh bald zu Ende, Bournemouth ist die nächste

Stadt für Trelawneys Truppe und ihren Star. Kein Wunder, daß die Autorin den Ausflug bei strömendem Regen enden läßt. Eine weitere unangenehme Überraschung wartet auf Faro zuhause. Jemand hat Vince zusammengeschlagen, und wenn Constable McQuinn nicht zur rechten Zeit gekommen wäre, meint Mrs. Brook, die Haushälterin, hätte es noch schlimmer kommen können. Vince ist aber nicht einfach nur so überfallen, übel zugerichtet und beraubt worden, man hat ihn mit Namen angesprochen und ihm auch eine Warnung zukommen lassen: so könnte es auch bald seinem Stiefvater und 'seiner Schauspielerin' ergehen. Am anderen Morgen hat die Haushälterin dann noch eine weitere Warnung in der Hosentasche des Überfallopfers gefunden: 'Let Lily Goldie rest in peace or Mrs. Aird will be next!', mit ungelenker Hand auf einen Zettel geschrieben.[7] Faro wird klar, daß er den Schreiber dieser Warnung finden muß, um eine Spur zu Lily Goldies Mörder zu entdecken. Er weiß aber auch, daß die Beschreibung des Schlägers und seiner Helfer auf einen polizeibekannten Straßenräuber paßt.

Schließlich erhält Alison Aird selbst einen Drohbrief, in derselben Handschrift, und Faro beschließt, eine Falle aufzustellen, wobei er die Rolle des Köders übernimmt. Die Falle schnappt zu, der Straßenräuber und seine Komplizen werden gefaßt und von Vince identifiziert. 'Black Tam' gibt den Überfall auf Vince zu, aber er hat ihm keinen Drohbrief in die Tasche gesteckt, und schreiben kann er nur seinen Namen. Faro liest die beiden Drohbriefe immer wieder, grübelt und rätselt, bis er die Lösung gefunden hat, den Mörder von Lily Goldie. Zusammen mit Vince sucht er Lilys Mörder im Theater auf, kurz vor der Abschiedsvorstellung der Trelawney-Tournée, ANTONY AND CLEOPATRA. In der Garderobe erfährt Faro aber erst das wahre Motiv des Mörders. Er hat angenommen, Alison Aird habe Lily aus Eifersucht umgebracht, im Streit um ihren Liebhaber Tim. Tim aber ist nicht Alisons Liebhaber, sondern ihr Sohn.[8]

"I have one request. In Desdemona's immortal words: 'Kill me tomorrow, but let me live tonight'. My last Cleopatra. I won't run away."[9]

Jeremy Faro gewährt ihr diese Bitte, postiert Constable McQuinn vor der Garderobe, während er mit seinem Stiefsohn die Vorstellung verfolgt und damit gleichzeitig den Fluchtweg über die Bühne und den Zuschauerraum abschneidet. In der Pause versucht Vince seinen Stiefvater zu überreden, Alison einfach gehen zu lassen, aber dagegen steht der Glaube an die Gerechtigkeit des Polizisten Faro. Der Gong zum letzten Akt ertönt.

Cleopatra's death scene was played before a hushed audience, that lovely bell-like voice echoing, holding the playgoers spellbound. This was Egypt and Cleopatra was about to die by her own hand.

Give me my robe, put on my crown; I have
Immortal longings in me ...
... Husband, I come ...
I am fire and air; my other elements
I give to baser life ...
Come then, and take the last warmth of my lips.
Farewell, kind Charmain - Iras, long farewell.

Beth, as Iras, reeled dramatically and fell with a mighty groan. Cleopatra knelt beside her, regarded her tenderly.

Have I the aspic in my lips? Dost fall?
If thou and nature can so gently part,
The stroke of death is as a lover's pinch,
Which hurts and is desir'd ...

Faro stood transfixed, unable to believe that this was Alison Aird, a confessed murderess, and not the Queen of the Nile, Shakespeare's "lass unparallel'd" as he listened to the dying words, saw the asp's bright jewels plunge.

What, should I stay -
And then she fell.[10]

Da bricht tumultartiger Applaus aus, die Zuschauer rufen nach Cleopatra, wissen scheinbar nicht, daß Shakespeares Text noch nicht zu Ende ist, aber dieser Schluß ist einfach zu gut gelungen. Selbst Faro stürzt auf die Bühne.

Schmuckstücke und Eigennamen

Im ersten gemeinsamen Abenteuer von Melrose Plant und Richard Jury erregt eine Reihe von Morden die Gemüter von Long Piddleton, dem Ort des Geschehens, dem Sitz von Ardry End, Familienbesitz von

Melrose Plant.[11] Zunächst wird ein toter Mann namens William Small in einem leeren Bierfaß im Keller von *The Man With A Load of Mischief*, einer der mittelalterlichen Dorfkneipen von Long Piddleton entdeckt. Eine Woche darauf, kurz vor Weihnachten, es hat in der Nacht heftig geschneit, wird die nächste Männerleiche entdeckt - diesmal über der Eingangstür des Gasthauses *The Jack And Hammer*. Der zweite Tote heißt Rufus Ainsley. Da die Zeitungen von der Verbrechensserie Wind bekommen haben, der 'Kneipenmörder von Long Piddleton' Schlagzeilen macht, wird Jury von seinem Chef bei Scotland Yard in die Provinz geschickt, nach dem Rechten zu sehen. Niemand am Ort kennt die Opfer, und dem ortsansässigen Kriminalschriftsteller Oliver Darrington traut man einen echten Mord nicht zu. Dennoch sucht Jury auch ihn auf, befragt ihn und seine Sekretärin Sheila Hogg:[12]

"I've read your book, Mr. Darrington, only the first one. I wonder if you might have a copy of your second book?"
Darrington's eyes flicked toward the bookcase beside the door and then quickly away. Sheila got up from the couch and walked over to the fireplace, avoiding Jury's eyes. She threw the stub of her cigarette into the fire and then started, yes, washing her hands together. The Lady Macbeth Syndrome. Jury had seen it often enough.[13]

Die Morde hören aber nicht auf, nur weil Scotland Yard eingetroffen ist. Als Melrose Plant in Sidbury Weihnachtseinkäufe tätigen will, sieht er am Straßenrand etwas in der Wintersonne aufblitzen, was sich, nachdem er anhält und nachsieht, als ein Ring entpuppt - an einer Frauenhand, die aus dem Schnee ragt. Nur wenige hundert Schritte weiter ist das Wirtshaus *The Cock And Bull*. Es handelt sich um Ruby Judd, ein junges Ding, das auch einmal als Hausmädchen im Hause des Vikars von Long Piddleton gearbeitet hat. Auffällig ist, daß sie einen neuen Ring am Finger trägt, nicht aber das Armband mit den kleinen verschiedenen Anhängern, das sie sonst immer umhat. Auch ihr Tagebuch findet sich weder in ihrem jetzigen noch in ihrem früheren Zimmer im Haus des Vikars Smith.

Im Garten hinter dem Gasthaus *Swan with Two Necks* entdeckt man am Tag darauf wiederum eine männliche Leiche, ebenfalls mit einer Drahtschlinge erwürgt. Über der Nase hat der Tote namens Jubal Creed zwei schlimme Kratzer, aber Polizeiarzt Appleby[14] kann nicht bestimmen, woher sie rühren. Jury verstärkt seine Ermittlungen.[15]

Einer der Kneipenwirte, Simon Matchett, macht sich bei Jury durch seine schroffe Art unbeliebt. Verdächtig macht er sich zumindest ein wenig, weil der zweite Kneipentote in seinem Gasthaus gefunden worden ist, weil seine Geschäftspartnerin Harriett unter ungeklärten Umständen ums Leben gekommen ist und weil er zum Zeitpunkt des Mordes an Jubal Creed sich im *Swan with Two Necks* mit seiner Verlobten, Vivian, getroffen hat. Außerdem ist da noch eine alte Geschichte. Matchetts Frau Celia ist vor vierzehn Jahren Opfer eines Mordes geworden, in Devon, wo die Matchetts ein Landgasthaus bewirtschaftet haben, in dem auch Theater gespielt worden ist. Jury geht der Spur in die Vergangenheit nach. Zeugin ist Daisy Trump, damals Zimmermädchen bei den Matchetts, jetzt im Wirtshaus *Bag of Nails*, ganz in der Nähe von Long Piddleton.

"There was a play on that night, wasn't there?
Othello? Mr. Matchett played the lead, and the girl - Harriett Gethvyn-Owen, was in it too, playing Desdemona?"
"I don't remember which play. Morbid thing it was. As I went along with the tray to madam's office, I could hear him, Mr. Matchett, shouting at one of the other actors."
"Where was Mrs. Matchett?"
"At her big desk, as always. She thanked me and I left."
"Who did you believe killed Mrs. Matchett?" asked Jury.
"Why, a thief, of course. Just like the police finally said."
"Didn't you suspect her husband also?"
"Of course. But then the police decided that not him nor his girl friend could have done it. They'd got it down to the minute, nearly. And Mr. Matchett and his fancy lady, they couldn't have done it because they were both in this play the whole of the time."[16]

Melrose Plant gibt sich nicht zufrieden mit Jurys Erzählung, alle anderen Hinweise deuten ganz klar auf Simon Matchett als einen Mehrfachmörder. Matchett, der Frauenheld, dessen damalige Frau Celia nicht in die Scheidung eingewilligt und stets die Hand auf der Kasse gehabt hat. Matchett, der Weiberheld, dessen Geschäftspartnerin gerade erst ums Leben gekommen ist (Zweifel an einem Unfalltod sind erlaubt) und der bereits wieder mit Vivian verlobt ist, dem reichsten Mädchen in ganz Long Piddleton und Umgebung. Plant, der an der Universität London Kurse über die Literatur der französischen Romantik gibt, macht sich über Shakespeares Text her, läßt sich die Gegebenheiten des Gasthauses in Devon schildern, in dem damals OTHELLO aufgeführt worden ist, und präsentiert Richard Jury schließlich die Lösung des Rätsels, wie Matchett gleichzeitig sowohl Desdemona auf der Bühne umgebracht haben und Celia in ihrem Arbeitszimmer ermordet haben kann. Zur Demonstration seiner Aufführungstheorie bittet Plant den Mann von Scotland Yard nach Ardry End, natürlich auch die Laienspieler, die er für die Demonstration benötigt.

"Now, Othello has been on stage for some time with Desdemona. Vivian - I mean, Desdemona - is in the bed."
Vivian took her place and said, "Kill me tomorrow, let me live tonight!" Melrose picked a pillow from the bed and held it a bit above Vivian's head. Then he turned away from the bed, dropping the pillow, and pulled the curtain in front of it. From behind the curtain came a rustling, and a moan: "O Lord! Lord! Lord!" Martha, as Emilia, still beat on the door - the thin air - with both hands. Melrose made an elaborate display of looking from Martha to the bed and recited:
"What, not dead yet?" He walked over and pulled the curtain back, where Desdemona lay partially obscured by the dishevelled bedclothes and pillows. Melrose raised the pillow and lowered it, saying: "I would not have thee linger in thy pain!"
Martha-Emilia was still banging on the door. "That's enough, Martha. We've made our point. From here, Inspector, there would have to be one change. In the text, Desdemona says to Emilia: 'Commend me to my kind lord', and dies. That would have to be omitted, because Desdemona is already dead!"[17]

Jury ist verblüfft, aber in seiner Meinung bestätigt, daß Celia Matchett nicht von irgendwelchen Einbrechern umgebracht worden ist, überzeugt, daß Matchett/Othello ein Mörder ist. Vorsorglich hat er Sergeant Wiggins gebeten, den Kneipenmörder von Long Piddleton unauffällig im Auge zu behalten, aber inzwischen geschieht ein weiteres Verbrechen und Jury macht sich höchstpersönlich auf die Jagd.

Anmerkungen

1 Alanna Knight, *Enter Second Murderer* (London, Macmillan 1988). Zur Datierung der Handlung gibt die Autorin aber dennoch einen versteckten Hinweis. Die Schauspieltruppe, die zum Zeitpunkt des Geschehens in Edinburgh gastiert, wird von Trelawney geleitet. Der englische Schriftstel-

ler, Freund von Shelley und Byron, Edward John Trelawny [zugegeben: ohne -ey] ist 1881 gestorben. Die Vermutung liegt nahe, daß Alanna Knight, die auch historische Sachbücher schreibt, die Handlung ihrer Faro-Fälle in das letzte Viertel des 19. Jahrhunderts legt. Auch der Name der Schauspielerin, Alison Aird, könnte Aufschluß geben. Der schottische Dichter Thomas Aird ist 1876 gestorben. (Allerdings verbirgt sich hinter dieser Wahl des typisch schottischen Namens vielleicht ein Gruß an Catherine Aird, Kriminalschriftstellerin, ehemalige Vorsitzende der CWA von 1990. Alanna Knight sitzt im Kommittee der CWA).

2 *Murderer*, p. 13.

3 *Murderer*, p. 23.

4 *Murderer*, p. 45. Eine Anspielung auf die Taschentuchszene in OTHELLO macht auch Jessica Mann in *Faith, Hope and Homicide* (London, Macmillan 1991), p. 101. Louise, die gemeinsame Freundin von Tamara und Alastair, wird ermordet. Tamara ist sich nicht wirklich sicher, ob Alastair etwas damit zu tun haben könnte, denn sie hat sein Taschentuch in Louises Haus gefunden - kurz nach dem Mord.

"You quarrelled with her this morning. And then the scarf that you had used as a handkerchief, or at least one like it ..."

"Very Shakespearean", he remarked.

"Othello never had the sense to ask Desdemona for an explanation."

5 *Murderer*, p. 62.

6 *Murderer*, p. 66.

7 *Murderer*, p. 161.

8 "Timon, I called him, after *Timon of Athens*, the play I was in in London when I met his father. I was seventeen." (p. 184).

9 *Murderer*, p. 187.

10 *Murderer*, p. 190.

11 Martha Grimes, *The Man With A Load Of Mischief* (1981, Dell 1985).

12 Sheila Hogg betont Jury gegenüber, daß sich ihr Name mit langem O ausspricht. Plant unternimmt verschiedentlich Versuche, seiner aus Amerika stammenden Tante Agatha beizubringen, daß sein Butler sich zwar Ruthven schreibt, aber Rivv'n spricht. Daß in Martha Grimes erstem Roman mit dem Gespann Jury/Plant soviel Wert auf die Aussprache von Eigennamen gelegt wird, erklärt sich hauptsächlich aus der Tatsache, daß die Amerikanerin Grimes ihre sprachlichen Erlebnisse verarbeiten will. ("England und Amerika werden durch eine gemeinsame Sprache voneinander getrennt" - Redewendung).

Einen frühen Hinweis auf den Mörder bieten die Namen der Gasthäuser, die er gepachtet oder besessen hat. Als das Opfer hinter dem Wirtshaus mit dem Namen *Swan with Two Necks* gefunden wird, fragte Jury auch: "Wie machen die das, das mit den Namen?"

Zu den sprechenden Eigennamen gehören auch der Antiquitätenhändler Trueblood und der Dorfpolizist Pluck, eine Abwandlung des in englischen Kriminalromanen häufig anzutreffenden PC (police constable) Plod!

13 *Mischief*, p. 91.

14 *Mischief*, p. 133. Bestimmt bringt die Amerikanerin Grimes den Namen des Serienhelden von Michael Innes nicht zufällig ins Spiel. Anklänge an Sherlock Holmes (pp. 11, 12, 28, 101) und Hercule Poirot (p. 91) und natürlich Lord Peter Wimsey (p. 108), mit dem Martha Grimes den Amateurdetektiv Melrose Plant vergleicht.

15 Angespitzt wird Jury von seinem Vorgesetzten Racer in einer unfreiwillig komischen Standpauke via Telefon:
"The way I make it out is this, Jury. Today is the twenty-seventh. You got there on the twenty-second. Not counting today, that would average out to approximately two-thirds of a murder for every day you've been there!" (p. 263).

16 *Mischief*, pp. 271 f.

17 *Mischief*, pp. 280 f.

NEUNTES KAPITEL

Lebensdaten und Geheimdateien

Nach so vielen Einzelwerkbetrachtungen nun ein paar Anmerkungen zum Leben des Klassikers mit dem unerschöpflichen, schier unverwüstbaren Werk, an dem sich so viele Schriftsteller aus aller Welt versucht haben. Die Eckdaten von William Shakespeares Leben finden sich in einer ganz modernen Kurzgeschichte über einen Hamburger Hacker vom Chaos Computer Club wieder. Obwohl in diesem Nachschlagewerk für Shakespearianische Morde aller Art bisher nur Kriminalromane vertreten sind, soll diese Ausnahme (eine doppelte Ausnahme, weil es sich um eine deutsche Kurzgeschichte handelt) gemacht werden, denn die Lebensdaten Shakespeares werden ausgesprochen witzig benutzt, um einen geheimen Computercode zu knakken, einem Hacker auf die Spur zu kommen.

Zunächst sitzt Jeger, wie so oft, nur an seinem Computer, spät in der Nacht, und will seine weltweiten Verbindungen spielen lassen - aus reiner Freude über diese neue, elektronische Weltkugel. Jeger sinniert vor sich hin, läßt gleichzeitig den Fernseher laufen und beneidet insgeheim seinen Freund Matwick, mit dem zusammen er eine kleine Softwarefirma betreibt, weil der sich gerade einen neuen Rechner gekauft hat.

Er stand auf und ging zum Sofa. Auf dem Parkett stand die 'schwarze Maschine' - ein nagelneuer Rechner, den Matwick aus den Staaten mitgebracht hatte. Jeger sollte die Kiste testen. In der schwarzen Maschine steckte anstelle einer herkömmlichen Festplatte ein optischer CD-Speicher. Auf diese kleine Scheibe paßten 256 Millionen Zeichen. Der Hersteller lieferte Shakespeares gesammelte Werke, ein komplettes Lexikon und jede Menge Speicherplatz gleich mit.[1]

Plötzlich aber sieht Jeger seine eigene Kennung über den Schirm huschen, seinen persönlichen Benutzernamen, an dem er lange programmiert hat, auf den er besonders stolz ist, weil auch sein Geburtstag, der zwölfte Dezember, hineingearbeitet ist - 12DECODE. Und dann erkennt er zu seinem großen Entsetzen, daß sich jemand in seine Geheimdatei mit den selbstgeschriebenen Virusprogrammen gehackt haben muß, jemand, der den Benutzernamen FOOBA führt. Jeger wandelt den Namen schnell um, von dezimal in hexadezimal, und nach dem anfänglichen Hinweis auf Shakespeare ist das Ergebnis dieser Umwandlung wie ein kleines Aha-Erlebnis:

Die Hexadezimalzahl FOOBA - dezimal 983 226 - wurde mit 16 multipliziert, davon wurden im nächsten Schritt 90 000 subtrahiert. Ergebnis 15 641 616. Im Gegensatz zu dem restlichen Code bewirkten diese beiden Operationen überhaupt nichts. Sie waren sinnlos. An genau dieser Stelle aber mußte sich der Auslösemechanismus befinden, der "Zünder" des Virus.

Jeger braucht noch ungefähr zwanzig Minuten, in denen er rastlos in elektronischen Datenbanken sucht, magische Zahlen durchforstet, die unter Computerfreaks ihren eigenen Stellenwert haben - die 23 etwa oder die 42, und dann hat er es gefunden:

Jeger sagte leise "blip". William Shakespeare, geboren am 23. April 1564, gestorben am 23. April 1616. Er schob die Tastatur von sich weg, die Gummifüßchen darunter quietschten leise. 15 641 616. Der Einsprung für den Virusauslöser.[2]

Jeder, der schon einen Artikel, ein Referat oder ein ganzes Buch mit einem Textprogramm auf einem Personal Computer geschrieben hat, kann nachvollziehen, was Jeger widerfährt: das fremde Virus, eine abgewandelte Form des von ihm selbst geschriebenen und von diesem bislang unerkannten Hacker geklauten Programms, löscht alle seine Daten auf der gesamten Festplatte. Folglich bleibt Jeger nichts anderes übrig, als alle seine Programme neu zu laden, auf dem umständlichsten aller Wege - man muß dem Rechner die Programme Diskette für Diskette neu füttern. Natürlich hat Jeger auch Kopien seiner Dateien, und so findet er nach einer weiteren Viertelstunde als elektronischer Detektiv, was er gesucht hat - den Benutzernamen des Eindringlings:

User name: DIPL.KING.CLEAR. Wohnte KI-Stadt. Hatte seine Kennung eine Woche lang benutzt und sich anschließend [aus der Mailbox] ausgetragen. Der einzige, auf den alle Kriterien paßten. In der aktuelleren, soeben vom Virus ausradierten Liste wäre er gar nicht mehr verzeichnet gewesen.[3]

Jetzt hat Jeger leichtes Spiel, er kann nachsehen, wer sich hinter dem Benutzer mit dem leicht abgewandelten Namen eines Königs aus dem Werk Shakespeares verbirgt, er fährt dorthin, obwohl es drei Uhr morgens ist, überfällt FOOBA alias DIPL.KING.CLEAR vulgo King Lear und begeht ein brutales Verbrechen. Zuerst entdeckt er die Datei, hinter der sich das verhängnisvolle Virus versteckt (sie heißt HACKSPIR), dann wirft er den Monitor um und schmettert schließlich den Rechner mit der Festplatte (das Allerheiligste jedes Computerbenutzers) und den 120 Millionen gespeicherten Zeichen gegen die Wand. Peter Glaser nennt das zum Schluß seiner Geschichte, aus der die Lebensdaten Shakespeares hervorgehen, einen "Akt ultimativer Brutalität in einer Welt ohne Dinge".

Geburtsort und Touristenfalle

In Stratford-upon-Avon herrscht Hochsaison, die allabendlichen Vorstellungen des Royal Shakespeare Theatre sind restlos ausverkauft, die Geschäfte in Shakespeares Geburtsort tagsüber gut besucht und die Pubs im Anschluß an die Theateraufführungen überfüllt. Ein normaler Engländer kann sich vor lauter Japanern und Amerikanern kaum noch wohl fühlen, schon gar nicht Melrose Plant, ein Adeliger, der auf alle seine Titel verzichtet hat (nur noch seine angeheiratete Tante Agatha aus Amerika reitet auf seinen Titeln herum und verzeiht ihm nicht, daß er sie sozusagen verschenkt hat) und Kurse über die französischen Romantiker gibt. Er sitzt im Black Swan, auch Dirty Duck genannt, einem Amerikaner gegenüber, ein Entrinnen ist nicht möglich, ein Gespräch ebenso unvermeidlich, das Thema vorhersehbar: Shakespeare, seine Stücke, sein Leben. Der Amerikaner stellt sich als Harvey L. Schoenberg vor und erklärt, daß er ein Buch über Shakespeare schreiben will.[4]

"There must be a whole sea of books on Shakespeare, Mr. Schoenberg, aren't you afraid of drowning?"
"Harve. Drown? Hell, no. What I've got is something completely new. It's really more on Kit Marlowe than Shakespeare."
"Exactly what is your subject? I hope it hasn't to do with authenticity."
"Authenticity? Meaning who wrote them?"
Schoenberg shook his head. "I'm writing about life more than literature. It's really Marlowe I'm interested in."

"I see. As a scholar? Are you affiliated with some institution?"
"Never even got my master's. I leave the egghead crap to my brother.
He's chairman of English at this college in Virginia. Me, I'm a computer
programmer!"[5]

Und zum Beweis zieht Schoenberg einen Laptop aus der Umhängetasche und demonstriert dem staunenden Melrose, den "Harve" bereits
"Mel" nennt, dieses Wunderwerk der Elektronik. Er hat darauf Shakespeares Werk gespeichert, seine Sonette, seine Lebensdaten, Namen
und Tatsachen über seine Zeitgenossen aus Politik und Kunst, einfach
alles. Melrose ist beeindruckt, dennoch aber will er nicht der Argu-
mentation des Amerikaners folgen, als dieser den Kernpunkt seiner
These offenbart: William Shakespeare hat Christopher Marlowe umgebracht. Nach Motiven befragt, gibt Schoenberg Eifersucht und Neid
an, belegt seine Theorie mit Zitaten aus zwei Sonetten.[5]

"Look at that language and don't tell me Shakespeare couldn't have stuck a
dagger in Marlowe's eye. Though I'm not saying, of course, Shakespeare
did his own dirty work. He sent Nick Skeres and Frizer ..."
"They were Walsingham's men, not Shakespeare's!"
"Well, Billy-boy knew them; I mean all of these guys knew each other."
"What proof do you have?"
But Harvey was too busy punching keys and running the little white square[6]
around to pay any attention to Melrose's weak-kneed questions. "That last
poem doesn't cut ice with you, just look at this one again!"

Bound for the prize of all too precious you
That did my ripe thoughts in my brain inhearse
Making their tomb the womb wherein they grew?
Was it his spirit, by spirits taught to write
Above a mortal pitch, that struck me dead?[7]

Natürlich ist Melrose nicht überzeugt und fürchtet insgeheim das
nächste Zusammentreffen mit Schoenberg, das mit der Aufführung
von HAMLET ins Haus steht. Da ergibt sich aber in dem ruhigen,
sommerheißen Stratford-upon-Avon die Möglichkeit, in der Pause zu
entfliehen und sich mit Inspektor Richard Jury zu treffen, der sich am
Geburtsort Shakespeares aufhält, um einen merkwürdigen Mord an
einer älteren, alleinstehenden amerikanischen Touristin aufzuklären.
Plant und Jury, das befreundete Gespann aus Amateurdetektiv und
Karrierepolizist, haben für Martha Grimes schon einige Fälle gelöst

117

und sich in die Aufgaben immer redlich geteilt. Diesmal müßte Plant eigentlich helfen können, weil er etwas von Literatur versteht. An der Frauenleiche heftet nämlich ein Zettel mit zwei Zeilen eines Gedichtes. Tags darauf wird ein zweites Opfer gefunden, ein junges Mädchen, ebenfalls aus Amerika, auch ihr hat man einen Zettel mit zwei Zeilen eines Gedichtes beigelegt. Melrose kennt das Gedicht nicht, weiß aber, daß Harvey Schoenberg so einiges in seinem Computer gespeichert hat. Plant macht Jury mit Schoenberg bekannt:

> "Detective Superintendent Richard Jury. Mr. Schoenberg", said Melrose, and watched Harvey's face light up. Someone new.
> "Just call me Harve." He grabbed Jury's hand.
> "Sure, Harve."
> "I've just been filling Mel in on a few things about Shakespeare. See, I'm a computer ..."
> "Yes. Mr. Plant told me. What I was chiefly interested in, though, was your expertise when it comes to the Elizabethans."[8]

Harvey kann nur bedauern, daß er seinen Großrechner von IBM nicht dabei hat, auf *dem*, so versichert er, würde er alles, aber auch alles finden. Die vier Zeilen, zwei pro Opfer, kann er aber nicht plazieren. Melrose versucht es in der Bücherei in einem Sammelband von Gedichten des elisabethanischen Zeitalters. In der Zwischenzeit verschwindet der Bruder des ermordeten Mädchens spurlos, und Scotland Yard, Harvey Schoenberg und Melrose Plant sind ratlos. Und dann bewahrheiten sich die Befürchtungen der Polizei, die Botschaften der Art nicht lieben, wie sie den beiden Mordopfern beigegeben worden sind, denn auch noch die Mutter des zweiten Mordopfers wird tot gefunden, in einem Stadtteil von London, wohin sie einen Ausflug gemacht hat, und man findet neben der Leiche auch wieder zwei weitere Zeilen. Melrose hat inzwischen das Gedicht gefunden, und deshalb weiß die Polizei, daß noch vier Zeilen fehlen, nicht gerade ein beruhigender Gedanke für Scotland Yard.

Unterdessen unternehmen Plant und Schoenberg einen Rundgang durch Southwark und Deptford, die Londoner Stadtteile, in denen sich Shakespeares und Marlowes Leben vorwiegend abgespielt hat. Anhand von genauen Ortskenntnissen sucht Harvey seine Theorie über den Tod von Marlowe zu belegen, während Melrose mit allem dagegen hält, was er aus einem Buch in der Bibliothek von Stratford-upon-Avon gelernt hat. Schließlich schließen Harve und Mel sogar noch eine Wette ab, beide leicht ermüdet vom Pflastertreten und der Spurensuche nach Beweisen für Harveys Shakespeare/Marlowe-Theorie. Auch hat sich ein persönlicher Ton in die Unterhaltung geschlichen, Harvey hat Melrose nach einer Frau gefragt. Melrose aber hat abgeblockt, Harvey erinnert sich:

"Once I did [have a girl]. Was going to get married. I didn't know her all that long. Love at first sight - for both of us. 'But that was in another country, and besides, the wench is dead'".

Melrose wasn't at all surprised at Harvey quoting Marlowe, but at the extreme un-Harvey-like bitterness in his tone. "I'm very sorry."

"Ah ...", and the motion of his hand seemed to wave away wench, death, and that other country. "I don't brood." [...] Harvey raised his glass. "I'm betting you don't know who said this."

"Said what?"

"'Whoever loved, that loved not at first sight?'"

Melrose frowned. "Good grief, every schoolboy knows that line. It's Shakespeare. Haven't we all just seen *As You Like It*? Touchstone says it."

"Uh-uh. Marlowe."

"Marlowe? Ho ho, you buy!"

To Melrose's eternal annoyance, he leaned over and tapped away at the Ishi, waited a moment, brought up a file, and sat back, complaisance written al over his face. Melrose leaned over and read.

It lies not in our power to love or hate,
For will in us is overruled by fate ...
Where both deliberate, the love is slight;
Whoever loved, that loved not at first sight.

"From *Hero and Leander*", Harvey said, and lifted his glass. "You buy!"[9]

Harvey gewinnt, lebt wieder auf, verfolgt wieder seine Lieblingstheorie, hat aber merkwürdigerweise keinerlei Theorie über den dreifachen Mord in Stratford-upon-Avon parat. Auch die Polizei, auch Melroses Freund Richard ist noch nicht weiter - von Jimmy, dem kleinen Jungen, fehlt noch immer jede Spur. Inzwischen schreiben die Zeitungen über den 'Schlitzer von Stratford', die Bevölkerung wird unruhig und zu guter, oder böser Letzt, wird Harvey ermordet aufgefunden. Jury denkt bei allen Morden an Rache und tut Plants Gegenfrage, ob es nicht auch um Geld gehen könnte, einfach ab:

"I think it's revenge", said Jury, in Melrose Plant's sitting room at the hotel. Plant frowned. "Why not gain?"
"The psychology is wrong. These killings are all too - I don't know - ritualistic." [...]
  "Revenge. It makes me think of what Harvey said, a rather stupid comment - well, perhaps not so stupid - about *Hamlet*. 'Revenge tragedy. One's just like the other. You go around killing off all the wrong people until you finally manage to kill the right one'. Hard to think of our murderer trying to work up the nerve to kill his own particular Claudius."[10]

Jury muß auch mit Jonathan Schoenberg reden, Harveys Bruder, dem Englischprofessor, der zur Zeit in London weilt und im Britischen Museum alte Handschriften studiert. Jonathan macht einen gefühlskalten Eindruck auf Jury, deshalb unterhält er sich mit Jonathan, der seinen Bruder noch am Morgen getroffen hat, über Harveys Theorie, Shakespeare und Marlowe betreffend. Jonathan tut mit einem verächtlichen Lachen die Möglichkeit ab, jemand könnte seinen Bruder Harvey wegen dieser fixen Idee umgebracht haben. Dieses fehlende Motiv aber treibt Jury und Plant und die anderen Polizisten um, bis sie den 'Schlitzer von Stratford' überführt haben, der zeilenweise ein Gedicht von Thomas Nashe bei seinen Opfern zurückgelassen hat, eine Spur, an der Kenner der elisabethanischen Zeit auf Dauer nicht haben vorbeikommen können.

Als alles vorüber ist, gehen die Freunde Plant und Jury am Ufer des Avon entlang:

Beyond the Royal Shakespeare Theatre, the river Avon flowed on, undisturbed.
  "*Hamlet* again", said Melrose Plant. "Are you sure I can't induce you to join me? The first part was quite good, I missed the second."
  "Thanks, no", said Jury. "I think I've had enough of revenge tragedies to last me awhile."[11]

Liebesleben und Zeilenschinderei

Shakespeare ist ein zärtlicher, leidenschaftlicher und ausdauernder Liebhaber gewesen, das belegt seine stürmische Liebschaft mit Rebecca Lopez, der Tochter des Leibarztes von Königin Elisabeth, Roderigo Lopez, eine Affäre, die etwas länger als neun Monate gedauert hat, und zwar vom Herbst 1593 bis zum Frühsommer 1594.

120

Zum ersten Mal gesehen hat Shakespeare die wunderschöne Jüdin aus Portugal auf dem Friedhof, bei der Beerdigung seines engen Freundes und Schauspielerkollegen Henry Whitman. Besonders ihre Augen haben ihn gefesselt. Rebecca ihrerseits hat gerade ihren Mann Manuel zu Grabe getragen, der auf einer Schiffsreise zwischen Spanien und England ums Leben gekommen ist.

Whitman ist feige ermordet worden, und Shakespeare, der ihm viel verdankt,[12] hat sich geschworen, Harry Whitman zu rächen. Cuthbert Burbage, der jüngere Bruder von Richard Burbage, will ihn davon abhalten, aber Shakespeare hat auch Harrys Witwe Margaret, Mutter von sieben Kindern, versprochen, den oder die Mörder ihres Mannes zu suchen, zur Rechenschaft zu ziehen. Schließlich hat Harry ihm den ersten, festen Job beim Theater verschafft, den als Betreuer der Pferde von wohlhabenden Theaterbesuchern, eine Erfahrung, die Shakespeare während seiner Jagd nach den Mördern seines Freundes und Mentors zugute kommt.[13] Shakespeares Werdegang vom Pferdeknecht zum Schauspieler zieht an seinem inneren Auge vorüber, als er von Harrys Beerdigung die vier Meilen nach Bishopsgate geht:

It had taken three years to go from horse tender to stagehand, another three years until he'd been made an equal sharer in the fellowship. Whitman had been his staunchest supporter. Richard Burbage, the fellowship's lead actor after Harry, had been vehemently opposed to the idea.
Shakespeare is strictly mediocre as a tragedian, Burbage had boomed.
Agreed, orated Whitman in a louder voice.
His voice barely projects over the shouts of the groundlings, Burbage argued.
Agreed, said Harry.
He has little presence on stage.
He had a good comic presence in his last performance, Harry said, defending his charge.
He almost upstaged me. Harry, Shakespeare is a good bookwriter. But why do you insist that he be part of the fellowship?
Because I love that boy, Harry said. *He's a dreamer .. as I once was.*[14]

Deshalb macht sich Shakespeare gegen den Rat von Cuthbert auf den Weg nach Norden, nach Hemsdale, wo Harry Whitman zuletzt lebend in einer üblen Spelunke namens Fishhead Inn gesehen worden ist. Auf den Spuren seines Freundes und auf der Fährte nach dessen Mörder muß Shakespeare einige unschöne Wahrheiten über Harry Whitman erfahren: Harry ist ein haltloser Spieler gewesen, hat sich

Geld bei Verwandten geborgt, hat nicht nur mit Huren, sondern auch mit jungen Männern im Bett gelegen. Shakespeare, der Amateurdetektiv, macht neben den Erfahrungen eines jeden modernen Vertreters dieser Sorte von Held im zeitgenössischen Kriminalroman (Spuren enden in der Sackgasse, Zeugen wollen nichts sagen, gesellschaftlich höhergestellte Verwandte des Mordopfers wollen mit der Sache nichts zu tun haben, mögliche Mitwisser oder gar Mittäter stehen ihm feindselig gegenüber, Hinweise auf mögliche Täter oder Motive werden nicht erkannt oder unter Verschluß gehalten) auch die Bekanntschaft eines Geistes, des Geistes von Harry. Der aber, anders als der Geist von Hamlets Vater, rät ihm, die Dinge auf sich beruhen zu lassen. Und da der Geist zu allem Nachdruck Shakespeare noch eins über den Schädel zieht (wie so vielen 'Kollegen' der Zunft), entlarvt er sich selbst als unecht. Als Shakespeare, der nach seiner erfolglosen Reise nach Norden wieder in seiner Londoner Behausung lebt und am Theater arbeitet, die Episode mit dem Geist anderntags Cuthbert erzählt, wirkt die Erzählung wie das dramatische Stilmittel des 'comic relief':

"Some things are better put to rest, Willy."
    "Harry was cut down before his time. The rogue responsible must pay. Harry's soul must be put to rest." Shakespeare held back his grief. "Enough said. Where did I put my shoes?"
    "They're in front of the window."
Shakespeare walked over and picked them up. "I make it not a habit to work in front of an open window in such weather. The cold freezes the ink."
    "The spirit - or the imposter - must have come in through the window", Cuthbert said. "Obviously it neglected to secure the latch when it departed."
    "Now that's a curious thing indeed", said Shakespeare. "I was always made to understand that ghosts could pass through solid matter."
    "Well, your spirit may not have passed through the brick wall, but he must have been an accomplished climber."[15]

Shakespeare verdrängt den Mord an Harry Whitman, widmet sich wieder seiner eigentlichen Aufgabe als Dramatiker, denkt ans Geldverdienen und daran, daß er für Southampton noch ein Gedicht abliefern muß, für das er schon ein großzügiges Voraushonorar erhalten hat.[16] Außerdem muß er noch die Rolle des Kochs in der Nachmittagsvorstellung übernehmen, weil ein Schauspieler der Truppe erkrankt ist. Kurz vor seinem Auftritt aber erfährt Shakespeare, daß sich jemand nach ihm erkundigt hat. Als Shakespeare herausfindet, daß es

George Mackering[17] gewesen sein muß, der Mann, hinter dem er wegen Harry her ist, wird er kreidebleich - und gleich ist sein Auftritt. Zeuge seiner Darbietung als Küchenchef wird als Zuschauerin die schöne Rebecca, die sich, als Mann verkleidet, unters Volk gemischt hat.[18]

A boy came in carrying a sign that said KITCHEN. The chef entered the platform through a door in the backdrop marked ENTRANCE. Rebecca always was drawn to Shakespeare's comic performances. He hadn't half the acting skill of Burbage, but his eyes held her as none she'd ever seen. She remembered them clearly at the burial grounds. Shakespeare was wearing a hat much too large, staggering around, trying to bring the bottle he carried to his lips. The crowd began to laugh. When the hat fell over his forehead and eyes, he stumbled about, then danced an exaggerated trip.
Rebecca found herself laughing with the others. Shakespeare raised the brim of the hat from his eyes and slowly, in drunkenly fashion, swaggered his way over to the table. Setting the bottel down, he grabbed the chicken, lifting the hapless bird up by the neck, and raised the cleaver. He swung the cleaver at the bird's scrawny throat but cut only air insted. The audience howled with laughter.
"Why are you still whole?", he cried. "There", he said, "hold still, and by my will, I shall instill you to nil!"[19]

Plötzlich erkennt Shakespeare Rebeccas Augen wieder, ist verwirrt, weil sie diesmal einem Mann gehören, und als sich ihre Augen treffen, verläßt Rebecca das Theater, Shakespeare stürzt hinter ihr her und ficht mit dem vermeintlichen Mann ein Degenduell. Shakespeare läßt Rebecca entkommen, behält aber ihre Waffen und sucht anhand dieses Beweismittels Rebecca auf. Da erst erfährt Shakespeare die Leidensgeschichte der Familie Lopez, die sich im politischen Streit der Religionen verstrickt hat. Weil Rebecca ebenso in Shakespeares Augen vernarrt ist wie er in die ihren, beginnt jetzt die leidenschaftliche, aber kurze Affäre, denn die Familie Rebeccas stellt sich gegen den Christen Shakespeare. Schließlich aber wird er zu Hilfe gerufen, geleitet Rebecca und ihre beiden Cousins nach Dover, um Miguel zu retten, den zukünftigen Ehemann Rebeccas. Im Gegenzug steht Rebecca ihrem Shakespeare bei, als dieser endlich herausgefunden hat, wer Harry Whitman umgebracht hat. Edmund Chambers, der Bruder des Wirtes vom Fishhead Inn, hat auf erneutes Befragen, nachdem sein Bruder und eine Hure ermordet im Bett gefunden werden, zugegeben, daß der Wirt viele Leute in Hemsdale erpreßt hat - auch

Harry. Auch dabei geht es sowohl um religiös-politische (der Puritaner Harry ist in Wirklichkeit Papist) als auch um sexuell-moralische Motive (Chambers weiß, daß Harry auch mit einem Mann sexuelle Beziehungen unterhält).[20] Der Mörder von Harry ist ein religiöser Fanatiker, aber auch ein ausgezeichneter Fechter, der in einem hochdramatischen Duell seinen Tod findet, obwohl er für einen kurzen Augenblick bereits beide, Rebecca und Shakespeare, in der Hand gehabt hat.

Nachdem Harry nun endlich gerächt ist, ist Faye Kellermans *Novel of Intrigue in Elizabethan England* (so der Untertitel) mit Shakespeare und Rebecca noch nicht ganz zu Ende. Rebeccas Vater wird nämlich beschuldigt, einen Mordanschlag auf die Königin geplant zu haben, er wird verhaftet, verhört, gefoltert und in den Tower gesperrt, zum Tode verurteilt. Shakespeare soll Rebecca ein Gedicht schreiben, das die Königin veranlassen könnte, weich zu werden, Gnade walten zu lassen. Vortragen will es Rebecca, wenn Elisabeth zur Fastenzeit sich dem Volk zeigt und nicht nur Ovationen, sondern auch Petitionen entgegennimmt. Shakespeare ist mit seinem Gedicht nicht zufrieden, der Poet als Perfektionist tritt zutage:

"This was the best of my feeble efforts", he said nervously. Rebecca read out loud,

The quality of mercy is not strain'd
As gentle rain, it falls from heaven
Upon the place beneath: it is twice blest;
It blesseth him that gives and him that takes:
'Tis mightiest in the mightiest: it becomes a throned prince superior than his
crown ..

"It's still in foul form", Shakespeare explained, "something's lacking."
   "Nothing's lacking. It's perfect."
"It's void of passion, Rebecca", he said.
   "Thou hast rocks in thy head", she said, throwing her arms around him. She crushed her lips to his. "I must memorize these words at once!"
   "Not yet, let me amend ..."[21]

Der Augenblick für Rebecca kommt, die Königin läßt ihre Kutsche halten, aber Rebecca hat Shakespeares Worte vor Aufregung vergessen, sie spricht frei, aus dem Herzen, und erreicht so wenigstens, daß sie ihren Vater im Tower besuchen darf. Eine Begnadigung ist ausgeschlossen, Roderigo Lopez wird hängen müssen, bedauert Elisabeth, die einmal sogar die Bittstellerin gebeten hat, als Zofe an den Hof zu kommen. So wird denn Elisabeths Leibarzt, der getaufte Jude, wegen Hochverrats gehenkt, die Familie verläßt England und damit geht auch die Liebesgeschichte zwischen Shakespeare und Rebecca zu Ende.

Shakespeare stood up. He took out his quill and a blank piece of paper. Gone.
She had been lost to him years ago, the day she'd been conceived from Jewish stock.
The room was an icy midnight crypt, the only light the flame of his candle.
He sat until the first flickers of dawn broke through his window. The rain had let up.
Write a story. Pay homage to her father.
Write a story about a Jew.
Write.
Anything but this pain, this unrelenting pain.
Write anything. Just write.
Dry-eyed, he picked up his quill and scratched,
In sooth, I know not why I am so sad ... [22]

Die letzte Zeile des sechshundert Seiten umfassenden Romans um Shakespeare und seine Suche nach dem Mörder seines Freundes, um Shakespeare und seine große Leidenschaft für Rebecca, um Shakespeare und seine (letztendlich) noch größere Leidenschaft für das Theater, für das Wort, diese letzte Zeile ist die erste Zeile Antonios in THE MERCHANT OF VENICE, die allererste Zeile des Stückes. [23]

Anmerkungen

1 Peter Glaser, "Shakespeare, gehackt", im *ZEIT-Magazin* vom 16. März 1990, Seite 44-52.
   Glaser geht bei seinem Lesepublikum wohl davon aus, daß es Grundkenntnisse von Computern hat. Die vermutlich zur Ce-Bit Hannover im Auftrag geschriebene Geschichte geht wohl zurecht davon aus, daß ZEIT-Leser in der einen oder anderen Form mit Computern, Textprogrammen und ähnlichem in Berührung gekommen sind. Zur CD-Speicherplatte nur eine Vergleichszahl: handelsübliche Computer für zuhause oder fürs Büro haben normalerweise Festspeicherplatten zwischen 40 und 80 Millionen

Zeichen - völlig ausreichend, wenn man bedenkt, daß ein zweihundert Seiten zählender Roman weniger als eine halbe Million Zeichen auf dem Speicher beansprucht.

2 In einer Fußnote bemerkt Glaser zu dieser Datumsangabe: "Shakespeares exaktes Geburtsdatum lag im dunkeln. Diese Angabe stammte aus einer Datenbank."
Siehe dazu Schabert, *Shakespeare-Handbuch*, p. 150:
William Shakespeares genaues Geburtsdatum steht nicht fest, doch da die Taufe (am 26. April 1564 im Stratforder Kirchenregister eingetragen) generell einige Tage nach der Geburt vorgenommen wurde, hat sich seit etwa 200 Jahren die Tradition eingebürgert, den 23. April als Geburtstag anzunehmen, wobei die Tatsache, daß er 52 Jahre später am 23. April starb, mitgespielt haben mag.

3 KI ist die gebräuchliche Abkürzung für Künstliche Intelligenz. Bereits zwei Jahre vor Glasers Kurzgeschichte ist *Das Chaos Computer Buch - Hacking Made In Germany*, herausgegeben vom Chaos Computer Club und von Jürgen Wieckmann (Hamburg, Wunderlich 1988) erschienen, das Glaser ganz sicher beim Schreiben seiner Geschichte benutzt hat.
Auf Seite 234 drucken die Herausgeber des *Chaos Computer Buchs* im Anhang ihre Belletristik-Charts ab, unter denen sich folgende Titel finden:
Raymond Handler, Der lange Code zum kurzen Absturz
Agatha Christie, Reset am Nil
William Scheckspeare, King Clear
Ian Lemming, For your AI only

4 Martha Grimes, *The Dirty Duck* (1984, Dell 1985), p. 14. Daß der Amerikaner, der ein Buch über Shakespeare schreiben will, ausgerechnet Schoenberg heißt, ist sicher kein Zufall. S. SCHOENBAUM ist ein anerkannter Shakespeareforscher, sein Spezialgebiet die /echte und erfundene) Biographie Shakespeares.

5 *Duck*, p. 24. Das Sonett 79 (nach Dover Wilson) ist vollständig abgedruckt.

6 Damit ist der Cursor gemeint, der anzeigt, wo sich auf dem Bildschirm gerade etwas tut. Das Buch ist 1984 erschienen, als Laptops noch groß, teuer und selten gewesen sind, vielleicht darf sich Melrose deshalb so technisch unbedarft geben.

7 *Duck*, p. 25. Das Zitat ist aus Sonett 86.

8 *Duck*, p. 108.

9 *Duck*, pp. 155 f. Jeder Anglist hätte diese Wette entweder abgelehnt oder spielend gewonnen, denn diese Entlehnung aus Marlowes Stück, diese Ehrung des Genies war ein 'offenes Geheimnis'.

10 *Duck*, pp. 191 f. Vergleiche Anmerkung 8, Kapitel IV.

11 *Duck*, p. 233.

12 Faye Kellerman, *The Quality of Mercy* - A Novel of Intrigue in Elizabethan England (1989, WH Allen 1989):

Shakespeare had been nineteen at the time, void of any marketable craft. [...] It had been desperation that made him seek out Whitman, the famous actor. Though there was no room in the fellowship for another itinerate actor, Whitman agreed to read Shakespeare's play. When Harry had finished, he calmly handed Shakespeare back his play and asked what he knew about horses. Shakespeare told Harry that he knew much about grooming - a bald lie - and was hired on the spot. (pp. 29 f.).

13 Shakespeare had learned about horses while tending them for the gentlemen playgoers during his early days in London. He had seen thousands of animals in his day, could tell at a glance which horses were swift by nature. More than once it had been Shakespeare, not the groomers, who'd first recognized the telltale signs of glanders or other equine disease. (p. 261)

Shakespeare nutzt diese Kenntnisse, um Pferdediebe zu überführen und Informationen aus ihnen herauszupressen. Shakespeare benimmt sich also ganz wie ein neuzeitlicher Detektiv, der seine 'Quellen' anzapft.

14 *Mercy*, p. 129. Ob mit den drei Jahren als Pferdeknecht und den drei Jahren als Bühnenhelfer die 'verlorenen Jahre' abgedeckt sind? Nach Faye Kellermans Lebenslauf ist Shakespeare mit neunzehn von seiner Frau Anne weg und nach London gegangen, die Handlung beginnt 1593, er ist also neunundzwanzig Jahre alt.

15 *Mercy*, p. 130.

16 *Mercy*, p. 225: He sat at his desk, quill in hand, attempting to pen another verse of the poem he had promised Lord Southampton; the nobleman was his benefactor. In the past he had been more than generous with monetary support.

Es handelt sich bei diesem Gedicht um *Lucrece*, denn auf *Venus and Adonis* wird im Laufe des Romans mehrfach hingewiesen.

17 *Mercy*, p. 147. Komödienhaft wird die Befragung des Requisiteurs Robin Hart beschrieben:

"What was the gentleman's name?"

"The name sounded like a fish", Robin said.

"Master Herring?", Shakespeare asked.

"No, that wasn't it."

"Master Halibut?"

"Nay."

"Master Gudgeon? Master Roach?"

"Mackerel", Hart announced with a note of pride in his voice. "His name sounded like Mackerel." He looked at Shakespeare and gasped. "Good God, Willy, you're white!"

Der Name lautet richtig George Mackering, ein böser Schurke, den Shakespeare des Mordes an Harry verdächtigt.

18 *Mercy*, p. 148.

19 *Mercy*, pp. 149 f.

20 Die Initialen H. W. ergeben umgestellt W. H., möglicherweise eine Anspielung auf die Widmung der Sonette? Da der Bruder des Wirtes Edmund Chambers heißt, ist in Faye Kellermans Buch ständig mit versteckten Andeutungen zu rechnen. Sehr wahrscheinlich kennt Faye Kellerman die entsprechende Stelle in der biographischen Romanze von Anthony Burgess, *Nothing Like The Sun* (London, Heinemann 1964). Shakespeare wird nach einer Aufführung in die Loge gebeten:

"I am Master RD and this is Master HW or, putting his family first as he is told he must, Master WH." And Robert Devereux smiled a loose tipsy smile. "A glass of wine for Master Shake-scene."

Master HW or WH said: "You are welcome hither." (p. 91)

Während Anthony Burgess noch an der Identität des WH/HW als Henry Wriothesley, also Southampton, festhält, hat John Dover Wilson in seiner Ausgabe der Sonette sich auf WH/HW als William Herbert, also Pembroke, festgelegt - und zwar ebenfalls im Jahr 1963/64. Horst Meller unterstützt diese These mit seinem Aufsatz im *Archiv* 217 (1/1980), pp. 39-62: "An Emblematic Background for Shakespeare's Sonnet No.116 - And More Light on Mr. W. H."

21 *Mercy*, pp. 533 f. Portias berühmte Rede aus THE MERCHANT OF VENICE, Akt IV, Szene 1, wird hier angetextet.

22 *Mercy*, p. 605.

23 Dieser außergewöhnliche Spannungs- und Liebesroman fängt die elisabethanische Zeit ein, verbindet mit der zweiten Haupthandlung des Buches, der politischen Intrige um Religionsfreiheit, eine Menge Wissenswertes über die Zeit zwischen 1550 und 1600. Natürlich ist das Gerüst des Buches Shakespeares Leben und Werk und was die Shakespeareforschung der vergangenen Jahrhunderte darüber ans Tageslicht gefördert hat.

Einfühlsam sind solche Stellen im Roman, wo Richard Burbage von Shakespeare verlangt, er soll ihm noch mindestens dreißig, besser aber vierzig Zeilen zum Monolog des Königs in RICHARD III dazuschreiben (pp. 133 ff.); wo sich der Requisiteur Robin Hart über einen ausgetretenen Saum ärgert (p. 146) oder wo sich Essex am Hofe gegen die derben Späße von Elisabeth I und den Spott der übrigen Höflinge wehrt; oder wo sich Faye Kellerman dem komödiantischen Stil Shakespeares annähert (siehe auch Anmerkung 17):

"Tell me thy will", Rebecca whispered.

"To be thy Will", Shakespeare answered.

Rebecca smiled. "Aye. Thou are my Will."

[He] said, "And thy will shall be as mine."

"Nay, not as hard as thine", [she] said. (p. 413).

ZEHNTES KAPITEL

Veteranenschicksale und Verkleidungskünste

Joe Binney ist Privatdetektiv in New York und arbeitet gerade für den Schauspieler Bill Macready, der Joe beauftragt hat, herauszufinden, ob sein Finanzberater Arnold Pelfrey ihn um eine viertel Million Dollar betrogen hat oder nicht. Binney, der selbst in der Kanzlei eines Steuerberaters angefangen hat, überprüft Pelfrey über einen Zeitraum von drei Wochen, ohne etwas besonders Auffallendes feststellen zu können. Macready, Pelfrey und Binney verabreden ein klärendes Gespräch, zu dem der Finanzberater nicht erscheint. Joe Binney macht sich auf die Suche und findet Pelfrey schließlich in einem schäbigen Hotel in einem schmutzigen Zimmer, in dem es fürchterlich nach Gas stinkt, weil sich der kürzlich geschiedene Pelfrey an der Gasleitung aufgehängt und diese sein fallendes Gewicht nicht ausgehalten hat. Von den zweihundertfünfzigtausend Dollar keine Spur. Außer einem 'locked room mystery' hat der gelernte Buchhalter nichts hinterlassen, aber Joe Binney glaubt nicht so recht an Selbstmord, führt einen einfachen Versuch aus, der nur ein Stück Angelschnur und einen bestimmten Seemansknoten erfordert, und kommt zu dem unweigerlichen Schluß, daß es sich um Mord handeln muß.

Schon 1982 hat der New Yorker Autor Jack Livingston die Figur des Joe Binney erfunden und dafür den Preis für den besten Privatdetektivroman des Jahres von der Vereinigung der Private Eye Writers of America erhalten.[1] In seinem zweiten Fall[2] trifft Binney auf einen interessanten Auftraggeber mit auffallenden Parallelen zu seinem eigenen Lebenslauf. Joe Binney, Teilnehmer des Koreakrieges, verliert bei einem Unterwassersprengkommando das Gehör und muß nach Kriegsende neu sprechen lernen und sich mühsam das Lippenlesen beibringen. Bill Macready, Teilnehmer des Vietnamkrieges, ist von einem Granatsplitter die Oberlippe zerschossen worden, auch er muß völlig neu sprechen lernen. Dabei aber hat der jüngere Kriegsveteran nicht nur alles gelesen, was ihm in die Finger geraten ist (das hat der spätere Privatdetektiv auch getan), sondern er hat während seiner Genesung im Militärhospital auch beschlossen, Schauspieler zu werden.

"My doctor knew a guy who was running a little theater in New Orleans, and she arranged for me to go down there and be a dogsbody when I was discharged.
But during that time I came across something else in the library. It was three volumes. I read it all and that's where I got my name."
"Your name?"
"Yeah. Macready isn't the name I was born with. It's the name of an actor who's been dead over a hundred years. William Charles Macready his full name was. He was mostly billed as Charles Macready, so I took the first name, William. He was a very great actor, and I wanted to be a very great actor, so I took what I could of his name. The old name, the one I was born with, I left tied to the tree."[3]

Der moderne Macready hat sich auch bereits einen Namen als Schauspieler gemacht und erklärt Binney, weshalb für ihn die verschwundene Viertelmillion so wichtig ist. Schauspieler haben einen unsicheren Beruf und müssen für schlechte Zeiten vorsorgen. Macready zum Beispiel spart, wo er nur kann. Er wohnt in einer heruntergekommenen Mietskaserne in einer Art Dachterrassenwohnung, abgesichert durch die metallene Feuertür vom Rest des Hauses, der abgesehen von ein paar Pennern unbewohnt ist, weil das halbe Viertel abgerissen und saniert werden soll. Seine Möbel stammen überwiegend vom Sperrmüll, auch wenn die einzelnen Stücke mit Bedacht ausgewählt sind. Bill fährt auch mit öffentlichen Verkehrsmitteln oder geht zu Fuß, und jeden Dollar, den er erübrigen kann, hat er seinem Finanzberater gegeben. Er braucht das Geld aber, um unabhängig zu bleiben. Er braucht das Geld, um nein zu sagen, wenn er nicht will - und gerade will er nicht in eine neue Fernsehserie mit dem Titel 'Tycoon' einsteigen, eine, die besser als 'Dallas' oder 'Denver' werden soll. Macready, der zunächst nur über den Verlust seines Geldes gejammert hat, gibt Joe Binney nun den Auftrag, den Mord an Pelfrey zu klären, herauszufinden, ob er selbst auch in Gefahr schwebt. In erster Linie schwebt aber Bill in Gefahr, von seinem Agenten umgebracht zu werden, denn der ist völlig aus dem Häuschen bei einer Besprechung in Bills Dachwohnung, in deren Verlauf der Agent (Norman Popper), der Produzent (Emerson Kite) und der Programmdirektor (Lawrence Namier) der Fernsehstation Bill umstimmen wollen.

"You think you can pass this up and get away with it", said Emerson Kite, "think again. You're not Al Pacino, you know!"

Macready stood up from the coffee table. "I'm every bit as good as Al Pacino. If you're so crazy about Al Pacino, why don't you hire him for the part?"

"Al Pacino, Al Pacino", Popper said. "What's all this talk about Al Pacino? So he wants to play Shakespeare, running around some lousy platform down in the Village with a hump on his back? What's so great about that?"

"What's so great about Al Pacino", Macready said, "is that he wouldn't touch their show with a fork."[4]

Macready vertröstet die Gesprächsteilnehmer auf einen späteren Zeitpunkt,[5] die Konferenz wird aufgelöst.

Unterdessen geht Binney jeder erdenkbaren Spur in Sachen Pelfrey nach, befragt dessen Witwe, verständigt sich mit der ermittelnden Polizei und forscht weiter nach dem verschwundenen Geld. Auch bei den Geldgebern, Programmgewaltigen und Fernsehschaffenden, die an der Serie 'Tycoon' beteiligt sind, hört sich Joe um, will herausbekommen, ob die Absage von Bill Macready Grund genug sein könnte, ihn zu bedrohen. Auch die Elephantine Projects, die Baugesellschaft, die den Häuserblock sanieren will, in dem Bill seine Dachwohnung hat und nicht räumen will, stellt eine mögliche Bedrohung für Macready dar. Als Binney ein paar Tage bei Macready übernachtet, wird der taube Privatdetektiv, der sehr empfindlich auf Lichtsignale reagiert, aus dem Schlaf geschreckt, sieht eine Gestalt am Fenster und schießt. Der Fenstergucker entpuppt sich als harmlos, Joe wird lange von der Polizei vernommen, sein Waffenschein ist zwar gültig, aber der Gebrauch von Schußwaffen mißfällt Detektiv Shope, der nach den Gründen für Joes übereiltes Handeln fragt. Binney, der auf Tips von der Polizei angewiesen ist wie alle anderen Privatdetektive auch (ob im Kriminalroman oder in Wirklichkeit), erklärt Shope, warum über Macready weder etwas in Amtsakten noch in Armeeunterlagen zu finden ist:

"Macready is something of a nut. He was in the service, and he had a hard time of it in Vietnam."
Shope looked wise. He knew all about Vietnam veterans.
"While he was in the Army hospital he got interested in acting. He read the autobiography of William Charles Macready, a famous actor of the 1800s and took that name from that time on, just dropping the middle name, Charles. It was all done in total ignorance. He didn't make a legal change or anything. He just became William Macready."[6]

Shope versucht, Joe Binney auszuquetschen, in Erfahrung zu bringen, ob er bei Macready Fotos mit Kinderpornographie gefunden hat. Joe verneint, erfährt aber, daß bei Arnold Pelfrey solche Fotos stapelweise gefunden worden sind. Auch aus dem Kreis der Pornohändler also könnte der Mörder des Finanzberaters stammen, dann allerdings wäre Bill nicht länger akut bedroht. Dies stellt sich aber als Irrtum heraus, denn keine zwei Tage später wird die verkohlte Leiche des Schauspielers im Bett seiner Penthousewohnung gefunden, alles deutet auf professionelle Brandstiftung. Unter Einsatz seines Lebens, für amerikanische Privatdetektive aller Beschreibungen ebenfalls Teil der Arbeit im Dienste der Auftraggeber, ermittelt Joe Binney den polizeibekannten Brandstifter, entdeckt in dessen Mantel, den er am Tatort zurückgelassen hat, einen Hinweis auf die Hintermänner des Mordanschlages und sinnt auf Rache für seinen Freund, den Schauspieler. Auch der Mord an Pelfrey kann geahndet werden, weil Binney den Verbrecher der Polizei ausliefert. Der brutale Bursche aber will seine Auftraggeber nicht preisgeben, Joe Binney jedoch ahnt, wer die Drahtzieher der beiden Morde sind.

Zu einem tödlichen Gegenüber mit dem Erzbösewicht kommt es wenige Tage nach dem Feuertod des Bill Macready in Joe Binneys Wohnung, nachdem einer der Penner aus dem Hausgang in Macreadys Haus den Privatdetektiven aufsucht und behauptet, einen wichtigen Hinweis auf den Mörder zu haben. Daß Bill Macready II tatsächlich das Zeug zu einem großen Schauspieler hat, beweist der Penner, als er aus dem Bad in Joes Wohnung zurückkommt und beinahe erschossen wird: der Penner ist der Schauspieler, der Privatdetektiv ist mehr als erstaunt:

"I thought you'd guess. After all, I did tell you the story."
    "The story?" I sat back, baffled.
"About Macready, William Charles Macready", he prompted.
    I was totally blank. "The Astor Place Riot."
Then I did remember - not only the story as Bill had told it, but as I had read it once, too. During the great chauvinistic competition between William Charles Macready, the English actor, and Edwin Forrest, the American actor, a crisis had been reached while Macready was performing *Macbeth* at the Astor Place Opera House in New York. Feeling grew so hot that a riot broke out in front of the opera house, and the riot, whose main ambition seemed to lynch Macready, got so violent that the militia had to be called out. Thirty people were killed. But Macready escaped by going backstage to change out of his costume and walking out then as part of the

audience. Of course, nobody recognized him. There is no substitute for talent.[7]

Macready II, der durch den Granatbeschuß nicht nur seine Oberlippe, sondern auch alle Zähne verloren hat, ist seinem Tod nur entgangen, weil auch das arme Opfer, einer der Penner aus dem Hausflur, zahnlos gewesen ist, und sich Bill seit Tagen unerkannt unter die Tippelbrüder gemischt hat, aus berechtigter Furcht um sein Leben. Gemeinsam beraten Joe und Bill das weitere Vorgehen gegen die Verbrecher, die hinter den beiden Morden stecken, als einer von ihnen plötzlich in der Türe steht, eine Kanone in der Hand.[8]

Versteckspiel und Vaterlandsliebe

Sir Stewart St. James ist mit einer Produktion der Londoner Theatertruppe Old Vic mit HENRY V auf Tournee in Amerika, gibt eine Gastspielwoche in New York. Eigentlich hätte der bekannte Shakespearedarsteller den New Yorker Privatdetektiv der guten, alten, hartgesottenen Schule, Ed Noon, im Broadhurst Theater kennenlernen können, aber Ed Noon ist nicht in den Genuß der beiden Freikarten gekommen, die ihm ein Bekannter, der Kioskbesitzer in der Eingangshalle des Ritz, für diese Vorstellung versprochen hat, denn gerade, als er die Karten abholen will, taumelt ein Mann durch die Seitentür des Foyers, eine Schußwunde unterhalb der Gürtellinie. Ed Noon kennt den Mann, eilt hin, ruft nach einem Krankenwagen. Ed Noon, mit lässigem Trenchcoat, flachkrempigem Hut und großkalibriger Kanone, wird sofort neugierig, vergißt den Theaterbesuch mit seiner Freundin und folgt den Trägern der Krankenbahre zum Notfallwagen, gibt sich als Bruder des Verletzten aus und fährt mit. Wer kann etwas gegen Memo Morgan haben, gar auf ihn schießen, ihn umbringen wollen? Memo, den jeder kennt und mag, der für sein phänomenales Gedächtnis berühmt ist und daher seinen Spitznamen hat?

Nun, Ed Noon erfährt erst einmal nichts, weil unterwegs auch noch der Reifen des Krankenwagens durchschossen wird, Memo Morgan bewußtlos bleibt und die Polizei ihn nach einer kurzen Vernehmung nach Hause schickt. Die knallharte, knochentrockene und schlagfertige Figur Ed Noon,[9] parodistisches Gegenstück zu Sam Spade, Philip Marlowe und Genossen, vor fünfunddreißig Jahren von Michael

Avallone ins Leben gerufen, sieht Sir Stewart St. James zwar nicht auf der Bühne, trifft ihn aber schließlich in seinem Büro.

> "Sagen Sie mir bloß nicht, daß Sie an diesem unmöglichen Tag noch einen Privatdetektiv brauchen?"
> Sein Profil war klassisch. Eine Menge Leslie Howard, etwas Olivier, viel Donat mit genügend Richardson, Gielgud und eigener Persönlichkeit, um einzigartig zu sein. Der erste Mann in seinem Fach. Wenn jemand Shakespeare gemeistert hat, dann hat er ein Recht, sich für gut zu halten.
> "So ist es, Mr. Noon. Ich möchte, daß Sie einen verschollenen Knaben für mich finden. Er heißt Morgan, William James Morgan."[10]

In seinem Hotel erklärt Sir Stewart auch, weshalb er Ed Noon fünfzigtausend Dollar zahlen will, erkundigt sich aber zunächst nach dem sprichwörtlichen Gedächtnis des Gesuchten. Ed Noon bestätigt mehr oder weniger, daß Memo Morgan ein sogenanntes fotografisches Gedächtnis hat, und der englische Schauspieler rückt mit der Sprache heraus:

> "Memo kennt angeblich das gesamte Manuskript eines unentdeckten, verlorengegangenen Stücks, das die Welt in Staunen versetzen wird, wenn es jemals ans Tageslicht gebracht wird. Der Autor sollte Ihnen bekannt sein, alter Junge. Ein Bursche namens Shakespeare, William Shakespeare. Ich möchte ihn lieber Marlowe nennen."[11]

Ein Amerikaner namens Diaz, ein Amerikaner namens Zwick und ein gewißer Morgan, so erzählt Ed Noons Auftraggeber, haben am Tag nach der Invasion in den weißen Klippen von Dover eine versteckte Höhle und darin ein Manuskript gefunden, dessen Verbleib unbekannt, das aber vermutlich beim Unfall des Militärtransporters von Dover nach London verbrannt ist. Die beiden anderen Teilnehmer des Zweiten Weltkrieges aber haben gesehen, daß Memo Morgan jedes Blatt Pergament genau studiert hat. Diaz ist an Kriegsverletzungen gestorben und Zwick, so die Auskunft von St. James, ist nach Kriegsende in England geblieben und hat einen Autohandel aufgezogen. Ed Noon, immer der Skeptiker,[12] begreift schnell, weshalb St. James so ein hohes Honorar anbietet:

> "Sogar ein Bauer wüßte, was ein unentdeckter Shakespeare an klingender Münze bedeutet."

134

"Die Mohammedaner haben den Koran, die Juden die Torah und die Christen die Bibel. Aber für den echten Thespisjünger gibt es nur einen Gott. Ein obskurer Schauspieler, der Stücke schrieb und sich William Shakespeare nannte. Für mich ist er mit Christopher Marlowe identisch. Aber Shakespeare oder Marlowe, es geht um das Stück!"
"Was hat Marlowe damit zu tun? Das ist mir nicht ganz klar."
"Haben Sie Calvin Hoffman nicht gelesen, Mr. Noon? Hoffman ist, wie ich selbst und viele andere der Ansicht, daß Marlowe tatsächlich der Autor der Stücke und Sonette ist, welche die Welt W. Shakespeare zuschreibt. Die Bacon-Theorie ist unhaltbar. [...] Ich habe die Absicht, eines Tages zu beweisen, daß Marlowe mit William Shakespeare identisch ist."[13]

Alles kommt jetzt auf Memo Morgans Gedächtnis an, darauf, ob er sich von seiner Verletzung wieder erholt. St. James und Noon fahren ins Krankenhaus, jedoch ist Morgan immer noch nicht zu sprechen. In seiner Wohnung hat man nichts gefunden, was nach einem verlorenen Stück aussieht, Privatdetektiv und Auftraggeber gehen nach Hause. Anders als der Schauspieler aber teilt Ed Noon das Schicksal ungezählter Privatdetektive, wird überfallen, man droht ihm, die Sache fallen zu lassen, im Nahkampf (zwischen einer 45er und einem Mülltonnendeckel) behält Noon die Oberhand. Weil sich ein Schuß gelöst hat, ist die Polizei schon unterwegs, und da kommt die Dame aus dem roten Dodge gerade recht, die ihn und St. James andauernd verfolgt. Sie packt ihn in ihren Wagen und fährt los. Savannah Gage heißt die gutgebaute Rothaarige mit dem besonderen Interesse für Noon und sein Tun. Sie ist Schauspielerin wie Sir Stewart, Engländerin, aber nicht ganz so berühmt. Sie gibt sich als Freundin von Sir Stewart aus, lacht aber laut auf, als Noon sie fragt, ob sie denn in den Shakespearedarsteller verliebt sei. Später klärt ihn St. James über das ungewöhnliche Interesse von Savannah Gage auf:

Er lachte bitter. "Noon, Miß Gages Vater lehrt Englisch in Oxford. Um es genau zu sagen, er gilt als ausgezeichneter Shakespeare-Kenner. Seine Arbeiten über unseren William haben ihm praktisch die Peerswürde eingetragen. Gewiß können selbst Sie als Amerikaner sich vorstellen, was das im einzelnen bedeutet."
"Kapiert. Papa Gage wäre mehr als ein kleines bißchen daran interessiert, einen echten, unentdeckten Willie zu finden!"[14]

Aber in der turbulenten und rasanten und amüsanten Geschichte spielt noch eine dritte Partei mit, ein Berufskollege von Ed Noon namens Vincent Bersker, und das dritte Motiv, an Memo Morgan heranzukommen, ist ebenfalls Geld (ob direkt oder auf dem Umweg der klassischen Literatur). Und dann wird Memo Morgan aus dem Krankenhaus entführt, obwohl vier Polizisten eigentlich Wache im Flur gehabt haben. Jetzt gerät die Logik der Ereignisse ins Wanken, bemerkt Ed Noon, wenn die einen Memo umbringen, die anderen ihn entführen wollen. Auch Captain Mike Monks (mit dem der Privatdetektiv zusammenarbeitet, soweit nötig, wie das eben alle tun) ist ratlos, will aber der Sache auf den Grund gehen.

"Hören Sie, Ed, ich rolle das Ganze jetzt von Anfang an auf. Bringen Sie mir den Tommy, ich will das aus seiner eigenen Klappe hören!"
Ich grinste. "Er ist kein Tommy, und er hat keine Klappe. Zufällig ist er ein Sir, geadelt von der Königin von England und vielleicht der größte Schauspieler der Welt."
"Zweifellos", pflichtete Monks mir trocken bei. "Aber er würde auch die Brooklyn Bridge kaufen, wenn man sie ihm anbieten würde. Shakespeare? Da ist was faul. Jedenfalls bringen Sie diesen Sir her. Ich kümmere mich um Morgan und diesen Zwick, bis sich etwas tut. Entführung oder nicht, ich fürchte, daß der Gedächtnismann im East River landet."[15]

Nicht nur Memo Morgen hat ein gutes Gedächtnis, auch Noon nimmt ein solches für sich in Anspruch und findet so die richtige Spur zum Versteck des Entführten. Dabei hilft ihm Linda Gates, die Sekretärin (?!) des Berufskollegen Bersker weiter, wenn auch nicht ganz freiwillig, sondern mit Hilfe der Überredungskünste des redegewandten Sir Stewart St. James. Bersker, so stellt sich heraus, hat von Susannah Gage den Auftrag gehabt, Memo Morgan zu beschatten, Tagessatz fünfzig Dollar. Und da er nicht erkannt hat, was an der Geschichte so wichtig ist, hat er sich einfach Morgan aus dem Krankenhaus geschnappt, um es aus ihm herauszuprügeln. Also kommt es zum großen Autorennen in das Versteck zwischen Noon, St. James und Gates in einem Wagen, Bersker in einem weiteren und der Polizei in einem dritten, dem letzten in der Jagd. Im Souterrain eines dunklen Hauses im üblen Stadtteil West Bronx angekommen, entdeckt Noon sogleich den wie eine Mumie bandagierten Memo, erhält aber auch sogleich wieder einmal eins auf den Kopf, und als er aufwacht, hat Sir Stewart St. James eine Kanone in der Hand. Kurz vor dem Ende, kurz vor der Lösung des Falles, spielt der Engländer noch einmal die ganze Geschichte nach (weil er sich, wie jeder Schurke, gerne reden hört) und zitiert kurz vor dem großen Knall aus HENRY V:

"Sehen Sie, Zwick wird nie gefunden werden. Ich habe für sein Schweigen gesorgt. Nein, ich fürchte, unser kleines Melodrama muß hier enden. Sehen Sie sich diese Bude an. Kartons, altes Zeug, Müll. Wer würde sich wundern, wenn hier ein Feuer ausbricht? Es wird ganz wie in *Heinrich V.* sein - kennen Sie das? 'Und der hurt'ge Zünder berührt das Teufelsrohr jetzt mit der Lunte, und alles stürzt es nieder.'"[16]

Verfasserschaft und Vervielfältigung

Noch turbulenter geht es an einer deutschen Universität zwei Tage vor dem alljährlichen Kongreß der Shakespeare-Gesellschaft zu, denn als Professor Philipp Logan, der das Hauptreferat halten soll und hofft, zum Präsidenten der Gesellschaft gewählt zu werden, wieder in sein Arbeitszimmer kommt, stolpert er fast über eine Leiche, die gerade eben noch möglicherweise die Worte geseufzt hat 'Ich bin William Sh'. Logan sieht sich den Toten genauer an, erkennt auf der linken Schläfenseite ein Einschußloch und verständigt den Rektor:

"Es scheint sich um einen William Sh zu handeln", fügte er seiner Meldung hinzu.
"Um einen William Sh?"
"Nein, vermutlich um den William Sh schlechthin", gab Logan zurück.[17]

Der Rektor ist entsetzt, Logan läßt die Leiche zum Pathologen Feinensäge abtransportieren, auf den ist Verlaß. Nur wenig später, Feinensäge hat William Sh gerade erst entkleidet, ihm eine Perücke und ein aufgeklebtes Spitzbärtchen abgenommen, da stürmen zwei Männer herein und entwenden William Sh samt seiner zeitgenössischen Kleider und den falschen Haarteilen.

Kurz darauf ruft Sibylle Logan ihren Mann an und berichtet, daß zwei Kerle sie besucht, sich gewaltsam Eintritt zur Wohnung verschafft und nach einem Mann namens William gefragt haben. Außerdem hat man ihr eine schmuddelige Perücke und einen Klebebart vor die Füße geworfen. Der Literaturprofessor macht den kläglichen Versuch, seine zweite Ehefrau zu besänftigen, während er schon an die notwendigen Änderungen in seinem Referat denkt, an die Folgen für die Literaturforschung.

> Mag immerhin sein, daß es sich im Falle des William Sh tatsächlich um den späten Versuch handelte, endlich auch als Mensch, nicht nur als Schauspieler und Stückeschreiber, ins Auge zu fallen, über den höchsteigenen Tod, einen gewaltsamen Tod, endlich als deutlich sichtbares Individuum in die Geschichte einzugehen, in der man bislang leider nur Mythos war.
> Etwa so wie weiland der Kollege Ben Jonson, der immerhin einen Gegner im Duell getötet hatte. Wie etwa Christopher Marlowe, Geheimagent, den es seinerseits, was biographisch-geschichtlich noch weit ertragreicher ist, selbst erwischt hat.[18]

Inzwischen klingelt es bei Frau Logan erneut, vor ihr steht William Sh ohne sein Zubehör. Als Frau Logan ihren Mann kommen hört, schiebt sie William Sh ins Schlafzimmer,[19] ihren Mann schiebt sie ins Arbeitszimmer ab und will sich gerade zu der Neuerscheinung ins Bett legen, da kommt Philipp vorsichtig ans Bett, zieht sich aus, legt sich schlafen. William, der sich unter dem Bett verkrochen hat, nimmt Philipps Kleider und flüchtet.

Am anderen Morgen hat sich das Logansche Ehebett in ein elisabethanisches Himmelbett verwandelt, Philipp schlüpft in Williams Kleider, Sibylle geht unter die Dusche, die Polizei klingelt und sucht nach der verschwundenen Leiche. Wenig später klingelt der Rektor selbst:

> "Hallo, Magnifizenz", tönte es ihm freudig entgegen. "Ihr Besuch ist hochwillkommen, zumal ich Ihnen einiges Interessante vorzuführen in der Lage bin. Hier beispielsweise sehen Sie ein originales elisabethanisches Bett. Der große William hat es seinerzeit seiner Witwe hinterlassen, sein zweitbestes, versteht sich. Mich sehen Sie in original elisabethanischer Montur. Das wichtigste aber ist dies - das Globe-Theater nahezu originalgetreu und endlich einmal wieder in originalgetreuer Umgebung. Wie gut das meinem morgigen Referat tun wird!"[20]

Klar, daß Helmut Schrey, Autor dieser 1988 erschienenen Slapstick-Story mit dem Titel *Mordaffäre Shakespeare* eine bitterböse Satire auf den Wissenschaftsbetrieb hierzulande geschrieben hat und damit einen Schritt weiter geht als Michael Avallone. Aber auch Schrey geht die Verfasserschaftsfragen sehr witzig an, arbeitet in seine rasant ablaufende Geschichte, die sich innerhalb von drei Tagen abspielt, Elemente der feministischen Shakespearekritik ein, die er allerdings ad absurdum führt. Höhepunkt des Geschehens ist, nachdem inzwischen sieben - in Worten sieben - William Sh's ihr Unwesen treiben (wovon weitere drei tot in den Wohnungen der Professorenkollegen Leidentrost, Kranich und Stiefelknecht gefunden werden), der Shakespeare-Kongreß, das Referat des führenden Wissenschaftlers, Philipp Logan.

Sieben Tagungsneulinge, natürlich Polizisten, haben sich ins Publikum gemischt, und hinter dem Rednerpult hat eine lautstarke Frauengruppe unter der Führung von Sibylle Logan mehrere Spruchbänder enthüllt:

Entdeckt die Frau als Autorin!
Anne Hathaway eine Gasse!
Auch Nonnen können schreiben! (was sich auf die Nonne Anne Whateley bezog, die vermutlich nie wirklich gelebt hat, beziehungsweise die ihre Existenz einem simplen Schreibfehler verdankt)
God save the Queen, our Great Authoress! [21]

Logan wehrt diesen Angriff auf sein Grundsatzreferat ab, fährt fort, die versammelte Shakespeareforscherschaft zu Tode zu langweilen[22] und unterbricht auch nicht, als der Reihe nach die Kollegen Kranich, Leidentrost und Stiefelknecht[23] sich heftig gestikulierend zu Wort melden, dann aber zwischen den Sitzreihen wie vom Blitz getroffen zusammenbrechen. Jetzt meldet sich der Kommissar zu Wort, stellt den Antrag, die drei Referatsopfer zu entfernen und verhaftet dann schließlich Logan als den Hauptverdächtigen. Unterdessen läßt sich beim Kongreß, der durchaus weiter tanzt, Professor Haderkampf zum Vorsitzenden der Gesellschaft wählen, während der eigentliche Anwärter auf dieses Amt von der Polizei vernommen wird. Die hat inzwischen herausgefunden, daß alle sieben in Umlauf befindlichen Shakespeare-Ausrüstungen dem Fundus des Theaters gehören. Die sind deshalb vorhanden gewesen, weil anläßlich des Shakespeare-Kongresses HAMLET aufgeführt werden soll - 'zur Abwechslung mal in zeitgenössischen, elisabethanischen Kostümen'.[24] Damit geraten für die Polizei neben den ohnehin suspekten Literaturprofessoren auch der Regisseur und verschiedentliche Darsteller in den Verdacht, an den vier Morden beteiligt gewesen zu sein.

Logan, der nach Kräften die Polizei bei der Aufklärung der Morde unterstützt, will gerade gehen, da klingelt im Dienstzimmer des Kommissars das Telefon.

Der Kommissar nahm den Hörer ab. Was ihm entgegentönte, war dies:
"Soeben hat sich ein Herr Geoffrey Chaucer beim Pförtner gemeldet. Er
ist nach einer unbestimmbaren alten Mode gekleidet und spricht ein nahe-
zu unverständliches Englisch, das notfalls auch Französisch sein könnte.
Der Mann behauptet, ein englischer Dichter zu sein, beziehungsweise gewesen zu sein. Hat etwas mit Canterbury zu tun, und einer ungetreuen
Geliebten namens Criseyde. Er sucht bei uns Zuflucht. Denn er fürchtet,
ermordet zu werden."[25]

Anmerkungen

1 Jack Livingston, *A Piece of the Silence* (1982). Seit einem Jahr ist Jeremiah
  Healy III Vorsitzender der Vereinigung, Autor von sieben Kriminalromanen mit dem Bostoner Privatdetektiven John Cuddy. In *So Like Sleep*
  (New York, Harper & Row 1987), Cuddys drittem Fall, spricht Healy von
  einem 'Shakespearean sigh' (p. 38).
2 Jack Livingston, *Die Again, Macready* (1984, Signet 1985).
3 *Die Again*, p. 77.
  William Charles Macready (geboren am 3.3.1793 in London, gestorben am
  27.4.1873). Die authentischen Tagebücher sind nicht erhalten, vermutlich
  hat ein Erbe Macreadys sie verbrannt, aber möglicherweise hat sein 'Na-
  mensvetter' die von Toynbee 1912 herausgegebenen *Diaries* oder die bereits 1875 von Pollock bearbeiteten *Reminiscences and Selections from his
  Diary and Letters* gelesen.
  (Weshalb so etwas aber ausgerechnet in der Bibliothek eines Armee-
  krankenhauses zu finden ist, wo noch nicht einmal die Shakespeare Bibliothek der Universität München so etwas in den Regalen hat, bleibt ein
  Rätsel der rein 'kriminalliterarischen' Art).
4 *Die Again*, pp. 32 f. Das Stück mit Al Pacino im Künstlerviertel Greenwich
  Village ist zweifellos RICHARD III. Auf Al Pacino wird noch einmal im
  Zusammenhang mit der Produktion 'Tycoon' und Macready angespielt:
  Namier hat den Hollywood-Finanzier Cy Garson für das Projekt gewon-
  nen.
  "Garson saw the test, and, of course, he saw that Bill could carry it, that
  Bill could carry the show. Garson said it was the most exciting test since
  Brando did The Godfather." (p. 103).
5 Das entspannt die gereizte Stimmung, Namier und Macready unterhalten
  sich über alte Theateraufführungen, als der Agent Popper unterbricht
  (p. 34):
  "You two guys must have been around for the original *Hamlet*!"
  "No", smiled Macready, "but Richard Burbage opened in it. He
  owned a piece of the show."

6 *Die Again*, p. 88.

7 *Die Again*, p. 231. Zum 'Astor Place Riot' zwei Hinweise:
Richard Moody, *The Astor Place Riot* (1958)
Richard Nelson, *Two Shakespearean Actors* (1990). Dieses ist eine Dramatisierung des Amerikaaufenthaltes des Engländers Macready, der sich einmal mit dem Gedanken getragen hat, dorthin auszuwandern.
Richard Moody hat auch den amerikanischen Gegenspieler von Macready gewürdigt: *Edwin Forrest - First Star On The American Stage* (1960).

8 *Die Again*, p. 240. Der Titel des spannenden, unterhaltsam geschriebenen Romans ergibt sich aus der Widmung des Buches:
When William Charles Macready played Macbeth, he performed the death scene with such passion and conviction that the gallery would stand up and shout: "Die again, Macready!"
So erklärt sich dann auch die Pointe im dramatischen Finale, als der Bösewicht auf Bill anlegt und die (unvermeidlichen) Worte spricht:
"I'm sorry for all your troubles, but I'm afraid you'll die again, Macready!" (p. 241).

9 Michael Avallone, *Mord à la Shakespeare* (1963, Bastei Lübbe 1973), p. 25:
"Aus einer geistigen Sackgasse gibt es nur einen einzigen Ausweg - direktes Handeln."
Der Originaltitel lautet *There Is Something About A Dame* und verrät nichts über die Verbindung zu Shakespeare, der deutsche Verleger aber wirbt geradezu mit dem Klassiker. Auf dem hinteren Umschlag läßt der Verleger Ed Noon 'sein Publikum' ansprechen:
Natürlich kennen Sie Shakespeare, Freunde. Gehört schließlich zur Allgemeinbildung. Ich kenne auch so einige seiner Werke. Ich war zufrieden mit mir, Shakespeare und der Welt. Bis mir Memo Morgen über den Weg lief. Dann pfiffen mir plötzlich die Kugeln um die Ohren. Und dem guten alten Memo spielte man noch ärger mit. Warum? Ich für meinen Teil sagte mir: Schlag nach bei Shakespeare ...
Auch die amerikanische Originalausgabe dürfte jedoch die Rollenverteilung mit Shakespeare-Einschlag haben:

Ed Noon	Was ihr wollt
Memo Morgan	Viel Lärm um nichts
Sir Stewart	Hamlet
Savannah Gage	Der Widerspenstigen Zähmung
Mike Monks	Die Komödie der Irrungen
Bersker	Coriolanus
Linda Gates	Ein Sommernachtstraum
Die Stimme	Romeo und Julia
Arthur Zwick	Der Kaufmann von Venedig
Sanderson, J. T.	Ende gut, alles gut

Das parodistische Element wird besonders da deutlich, wo Ed Noon eine List anwendet, die man von Philip Marlowe schon kennt. Um an Bersker heranzukommen, testet er dessen Sekretärin mit einem Anruf:

"Hier ist H. P. Lovecraft. Kann ich Mr. Bersker sprechen?"

"Tut mir leid, er ist im Augenblick nicht da."

"Ich bin meiner Frau den ganzen Weg von Providence nach New York gefolgt. Sie ist mit Ambrose Bierce im Hotel Taft ...." (p. 108).

Vgl. Raymond Chandler, *The Big Sleep* (1939, Penguin 1966). Marlowe betritt ein Buchantiquariat, testet die Buchhändlerin:

"Would you happen to have a *Ben Hur* 1860?"

She didn't say 'Huh?' but she wanted to. She smiled bleakly. "A first edition?"

"Third", I said. "The one with the erratum on page 116."

"I'm afraid not - at the moment."

"How about a *Chevalier Audubon* 1840 - the full set, of course?"

"Eh - not at the moment."

"You do sell books?" (p. 28).

10 *Mord*, pp. 43 f.

11 *Mord*, p. 45.

12 Ed Noon kümmert sich um einen roten Dodge, der ihn und St. James verfolgt hat, schickt den Engländer voraus ins Hotel mit den Worten:

"Ich werde mit ihm reden. Inzwischen denken Sie sich einen guten Grund aus, warum Sie heute abend nicht im Broadhurst auf der Bühne gestanden und *Heinrich V.* gespielt haben. Ich bin ein äußerst mißtrauischer Mensch." (p. 34).

13 *Mord*, pp. 46 f. St. James erklärt dem verdutzten Noon auch, daß er die Bacon-Theorie für unhaltbar erachtet. Das Buch von Calvin Hoffman, das er gelesen hat, vertritt in der Verfasserschaftsfrage den Standpunkt, Marlowe sei der Autor und ist 1955 unter dem Titel *The Man Who Was Shakespeare* erschienen.

Der Höhepunkt der Verfasserschaftsdiskussion liegt um die Jahrhundertwende, die Diskussion ist längst keine mehr. Auch Hoffmans These ist bald danach widerlegt worden.

14 *Mord*, p. 84.

15 *Mord*, p. 106.

16 *Mord*, p. 155. Avallones Krimi hat, wie HENRY V, sogar einen Prolog. Das Zitat stammt aus dem Prolog zum dritten Akt.

17 Helmut Schrey, *Mordaffäre Shakespeare* (Duisburg, Gilles & Francke 1988), p. 6.

18 *Mordaffäre*, p. 15.

19 *Mordaffäre*, p. 20. Sibylle bietet William Sh das Ehebett an:

"Unser zweitbestes Bett. Sie erinnern sich vermutlich an Ihr Testament", zischte sie ihm noch zu, woraus hervorgeht, daß sie früher einmal die

Manuskripte ihres Gatten abgetippt hatte, vor allem aber, daß sie inzwischen wieder ganz Herrin der Lage war. "Im übrigen, psssst!"

20 *Mordaffäre*, pp. 31 f.

21 *Mordaffäre*, p. 67. Logan ergreift wieder das Wort und geht auf die Feministinnen ein:
"Das Problem oder eher wohl doch das Scheinproblem der Autorschaft der Shakespearschen Stücke braucht hier schwerlich erörtert zu werden. Oder sollen wir allen Ernstes wieder bei Adam und Eva, also bei Francis Bacon anfangen?" (p. 68).

22 *Mordaffäre*, pp. 60 ff. Immer wieder setzt Logan bei seinem Steinbaukasten an, wenn er den Faden verloren hat:
"Mein Steinbaukasten, der im Grunde der Steinbaukasten meines Großvaters, dann meines Vaters, dann meines nunmehr erwachsenen Sohnes aus erster Ehe war, dieser Steinbaukasten ..."
später:
"Doch ich wollte Ihnen ja vom Globe-Theater, das heißt, von meinem Steinbaukasten erzählen, der im Grunde gar nicht einmal mein eigener Steinbaukasten, sondern weit eher der meines Großvaters, meines Vaters und meines nunmehr erwachsenen Sohnes aus erster Ehe ist ..."
später:
"Die Bausteine mögen zwar alt sein. Ich sagte ja schon, im Grunde gehen sie auf meinen Großvater, vielleicht sogar auf meinen Urgroßvater zurück (nun übertrieb Logan gewaltig), ganz gewiß aber auf meinen Vater und auf meinen nunmehr erwachsenen Sohn aus erster Ehe ..."

23 Schrey bedient sich sprechender Namen für halbwegs komische Figuren, wie dies Shakespeare auch tut. Bestes Beispiel ist der Pathologe Feinensäge. Ob der Autor aber mit dem Namen Kranich nicht möglicherweise doch auf den früheren Heidelberger und späteren Bonner Shakespeareaner Werner Habicht anspielt, ist nicht auszuschließen. Das Buch ist in St. Augustin bei Bonn hergestellt worden! Habicht, 1976 bis 1988 Vorsizender der Deutschen Shakespeare-Gesellschaft West, lehrt seit einigen Jahren in Würzburg.

24 "Im Rahmen dieses Kongresses wird ein Shakespeare-Drama aufgeführt, ich glaube, es handelt sich um *Hamlet*. Soweit ich weiß, sollen die Schauspieler, nachdem man das Stück lange genug aktualisiert hat, diesmal zur Abwechslung wieder in elisabethanischen Kostümen agieren." (p. 55).
In einem anderen, 'richtigen' deutschen Kriminalroman wird eine solche aktualisierte HAMLET-Aufführung Gesprächsthema zwischen einem Lokalredakteur und einem Feuilletonredakteur einer Hamburger Zeitung.

Hinrich Matthiesen, *Fleck auf weißer Weste* (München, Heyne 1990), p. 29:
"Wie war die Premiere?", fragte Blonski.
"Hab' Shakespeare nicht wiedererkannt. Hamlet in Jeans und T-Shirt! Verfremdung um jeden Preis! Warum will man sie alle mit Hilfe der Kledage und Staffage aus ihrer Zeit herausholen? Nur um zu beweisen, daß ein Stück zeitlos gültig ist? Wenn es dazu so primitiver Mittel bedarf, dann gute Nacht, deutsches Theater!"
"Und Ophelia? Spielte sie mit ihren Puppen?"
"Nein. Sie spielte Ping-Pong auf ihrem Computer."
25 *Mordaffäre*, p. 97.

ELFTES KAPITEL

Anfänger und Zombies

Einen Bösewicht besonderer Prägung hat William R. Dantz in seinem Roman *The Seventh Sleeper*[1] geschaffen und sich dabei an die Tradition all jener Bösewichte angelehnt, die zum Ausgleich für die Vorkommnisse in ihrer schmutzigen und gewalttätigen Welt in die schöngeistige Welt der Musik oder der Literatur oder der bildenden Kunst flüchten. Diese schlechten Figuren neigen dann allerdings auch dazu, mit ihren außergewöhnlichen Kenntnissen zu prahlen oder ihre musikalischen Fähigkeiten zur Schau zu stellen, ihre Scheinwelt zu idealisieren, die sie nicht selten ihrer eigenen Familie zuliebe aufrechterhalten.

Anders Dr. Emile Vidoc.[2] Er hat keine Familie und keine Freunde und seine Leidenschaft für klassische Literatur kehrt er nicht nach außen, obwohl er sie vor seinen Geschäftspartnern nicht verbirgt. Immer wieder kommt es vor, daß Colonel Calavera, wenn er Dr. Vidoc aufsucht, diesen bei der Lektüre eines Shakespeare-Dramas unterbricht.

Dr. Vidoc sat by the pool, under the shade of an umbrella, reading *A Midsummer Night's Dream*.

How chance the roses there do fade so fast?

That twit Lysander, Vidoc thought, a lamebrain right from Act I, Scene 1. No wonder Hermia kept bursting into tears, a geek like that wanting to copulate with her.

His folly ... is no fault of mine!

Leave it to Hermia to get right to the point. [...] Vidoc was deep into *A Midsummer Night's Dream*, Act II, the part with spotted snakes with double tongue, when Colonel Calavera arrived in his chauffeur-driven Mercedes limousine.[3]

Wie Calavera berichtet, sind neue Rekruten eingetroffen, im Flughafenmotel von Miami untergebracht worden, Vidoc muß sie sich an-

145

sehen. Rekruten wofür? Für einen ganz geheimen, ganz gewalttätigen Unterweltkrieg exilkubanischer Mächte gegen alle anderen finsteren Kräfte aus der lateinamerikanischen und karibischen Drogenwelt. Die Organisation von Colonel Calavera ist militärisch straff organisiert, überall im Calle Ocho, dem Kubanerviertel von Miami, haben sie Posten, Freiwillige im vordergründig politischen Kampf um den Sturz Fidel Castros finden sich immer wieder, auch (mehr oder weniger freiwillige) Spender für die 'Sache'. Aber bei den 'Rekruten' für Dr. Emile Vidoc muß manchmal nachgeholfen werden.

Der zweite Handlungsstrang der Geschichte verläuft eher wie ein herkömmlicher Detektivroman um eine vermißte Person. Kurt, ein ehemaliger Freund der Ärztin Sara, ist spurlos verschwunden, seinen besten Freund allerdings findet Sara im Krankenhaus, in der Intensivstation, ein Sonderfall: Dave liegt komatös da, seit Tagen, mehr tot als lebendig, sein Puls ein medizinisches Rätsel - nur dreißig Schläge pro Minute, ein Zombie. Sara kann dem Polizisten Sam zwar bei der Identifizierung dieses Zombies helfen (ein kleiner Junge hat die vermeintliche Leiche in einem Schubkarren in ein Geschäft gebracht und zehn Dollar dafür verlangt), aber von Kurt keine Spur. Weil Dave den Spitznamen 'Surfer Dave' gehabt hat, suchen Sam und Sara auch den Strand (bestens bekannt von der Fernsehserie Miami Vice) ab und machen eine fürchterliche Entdeckung: mehrere halbtote Zombies, an denen schon die Ratten nagen, liegen, halb vom Sand begraben, da, einer versucht zu schreien, zu hören ist nur ein Zischen.

Natürlich steuern die beiden Haupthandlungen unweigerlich aufeinander zu, sind eng miteinander verflochten. William R. Dantz entführt die Leser in ein Gebiet, das er besonders gut kennt, in die Mangrovensümpfe von Florida, in die Everglades, in die undurchsichtige Stadt Miami, in die Mischwelt aus Karibik, Nord- und Südamerika.[4] Natürlich entlädt sich die Spannung in einem explosiven Finale.

Die Schlüsselfigur aber ist auch in ihrer Entwicklung zum Bösewicht immer in Verbindung mit Shakespeare geschildert, in Verbindung mit Gewalt, Mord. Emile Vidoc hat gerade damit zu tun, den unglücklicherweise allzu neugierigen CIA-Mann Wilson verschwinden zu lassen (mit der aus dem Film Trio Infernale mit Michel Piccoli bekannten Methode) und kann sich bei der stumpfsinnigen Arbeit, mit der er dieses Verbrechen vertuschen will, an seine Anfänge als Mörder erinnern:

Emile Vidoc working the bathtub. Making Wilson vanish was slow, mindless work that allowed him to drift into reverie, the closest he ever came to dreaming.

All the infections that the sun sucks up
From bogs, fens, flats, on Prospero fall ...

The Tempest. His one and only star turn, before he began to play the lifelong role of Emile Vidoc, M. D. That last year as a Harvard undergrad he'd involved himself in a student production. The tidy little group of players tossed him a crumb - understudy to Caliban, the deformed slave who had some of Shakespeare's best lines - although it was never intended that Vidoc get a chance to speak them.

And then, in dreaming
The clouds methought would open and show riches
Ready to drop upon me, that, when I waked,
I cried to dream again.[5]

Joel ist im Gegensatz zu Emile, dem schlacksigen Latino, ein hübscher blonder Junge, bekannt für seine homosexuelle Neigung, die sich Emile zunutze macht, um Joel mitten in der Nacht in den verlassenen U-Bahnhof zu locken und seinen Gegenspieler unter den letzten Zug zu werfen. Über die perfekte Rolle, die Emile dem schwulen Joel am Telefon vorgespielt hat, ist Vidoc noch jetzt stolz, aber seine eigentliche Berufung hat er erkannt, als er Joel auf die Geleise geworfen hat: Menschen Furcht einzuflößen, eine Leidenschaft, die Vidoc mit dem Studium der Psychologie, der Medizin und der Pharmazie vertieft und in den Dienst von Colonel Calavera gestellt hat.[6]

It was a tragedy, but the play went on, with the understudy stepping in as Caliban. Young Emile speaking his lines so much like the late Joel that everyone said it was uncanny. Lines that he still retained, after all this time.
"Let it alone, thou fool", he said aloud, stirring the tub, his goggles misted, *"it is but trash"*.[7]

Dantz hat aber ironischerweise auch der Gegenseite, also der guten Seite, Shakespeare-Kenntnisse mitgegeben, die ebenfalls mit Pharmazie zu tun haben. Sara, die Ärztin, arbeitet im Versuchslabor eines Krankenhauses und ist zusammen mit ihrem Kollegen Hobart (genannt 'Hobie') auf der Suche nach des Rätsels Lösung, was die Zombies, ihren niedrigen Puls und ihre absolute Schmerzunempfindlichkeit anbelangt. Sara vermutet, wie der Polizist Sam auch, daß unbekannte Drogen im Spiel sind. Blutproben von 'Surfer David' sollen Aufschluß geben.

"We ran metabolites of the David Melborn samples through the gas chromatography equipment", Hobie said. "Recognize the little devil?"
  "Okay, you've stumped me."
"Tetrodotoxin. Very nasty stuff. Highly toxic in small amounts."
  "Tetrodotoxin", she said. "Isn't that a fish poison?"
Hobart chuckled. "Yes, indeed, old tetro-d has been isolated in a few species of blowfish, and also an odd little newt. Might even be the 'eye of the newt' the witches were dropping into Macbeth's cauldron."
  Sara gave him a look. The eye of newt?
"Seriously", he said, "there are experts who think that Shakespeare knew a thing or two about organic toxins, at least the kinds that Elizabethan poisoners would have had access to."[8]

Die Wissenschaftler vollziehen nach, welche Droge Dr. Emile Vidoc erfunden hat, wissen jetzt mehr, wissen, welche Bestandteile diese Psychodroge hat, mit der man Menschen jederzeit in schrecklichste Furchtzustände versetzen kann. Jetzt gilt es, in Zusammenarbeit mit der Polizei, dem FBI und der CIA, notfalls auch der Armee, den 'Händlern der Furcht' das Handwerk zu legen. Im dramatischen Finale in den Everglades können Sara (die medizinische Profidetektivin und sonstige Amateurdetektivin) und Sam (der Profipolizist) überleben, aber nicht nur sie überstehen die aufregende Schlußphase der Zombie-Schlacht. In zehntausend Metern Höhe fliegt ein Passagier nach Buenos Aires, trägt offensichtlich ein Toupet und hält eine zerfledderte Taschenbuchausgabe von A MIDSUMMER NIGHT'S DREAM in der Hand. Die Stewardeß bringt ihm eine Flasche Perrier, ohne Eis.

"Has the cup been sterilized?"
  "Yes, sir. They come sealed in plastic."
"Do you read Shakespeare?", he asked.
  "In highschool. Was *Hamlet* the one with the witches?"
"*Macbeth*", he said. "Common mistake."[9]

Amokläufer und Zufallsbekanntschaften

Jack Stryker, ein New Yorker Polizist, hat gerade seine Lebensgefährtin Kate Trevorne zum Flughafen gebracht, ihre Maschine nach London ist pünktlich gestartet. Stryker winkt noch dem Flugzeug nach, da kommt ein Kollege auf ihn zu, erkundigt sich knapp, ob Kate denn auch gut weggekommen ist und kommt dann zur Sache: der Polizistenmörder, der schon drei von 'New York's finest' umgebracht hat, hat wieder zugeschlagen. Die tödlichen Schüsse kommen immer aus dem Hinterhalt, unerwartet, unberechenbar, Zusammenhänge zwischen den einzelnen Polizeibeamten scheinen nicht zu bestehen, sieht man von der Tatwaffe ab, die sie vom Leben in den plötzlichen Tod befördert hat.[10]

Während Stryker und seine Kollegen fieberhaft nach dem Polizistenkiller fahnden, sein Psychogramm zusammenstellen und die Hinterbliebenen, Freunde und unmittelbaren dienstlichen Partner befragen, ist Kate in England sicher gelandet und sitzt im Bus, der sie an das eigentliche Ziel ihrer Reise, nach Stratford-upon-Avon, zu einer Shakespeare-Tagung bringen soll. Auf der Busfahrt schwärmt Kate innerlich, dann sagt sie sogar laut:

"Jetzt begreife ich, was er gemeint hat!"
    Der Mann neben ihr wandte den Kopf: "Wer?"
"Browning. In seinem berühmten Gedicht. *Oh to be in England now that April's here ...*"
    [...] Der Bus nahm eine Kurve. Überall in dem frischen Grün der Grasflächen leuchteten sattgelbe Blumeninseln.
    "Wordsworths Narzissen!", sagte Kate." Das darf ja nicht wahr sein!"
Das Lächeln ihres Nachbarn war jetzt eine Spur durchtrieben. "Der Wetterbericht hat uns weiter Sonne versprochen. Meist irrt er sich aber. Vielleicht lernen Sie doch noch das richtige England kennen."
    "Wie sieht das aus?"
"Wie in dem bekannten Coleridge-Gedicht: *Wasser, Wasser, überall* ... Ich bin Richard Cotterell. Und Sie sind Kate Trevorne. Wie ich höre, dürfen wir von Ihnen einen Vortrag über die Morde bei Shakespeare erwarten?"
    "Über die Sie bestimmt auch ohne mich bestens im Bilde sind. Es ist doch geradezu lachhaft, sich einzubilden, ein kleines Licht aus Amerika könnte dieser britischen Gelehrtenrunde irgend etwas Neues über Shakespeare erzählen."[11]

Natürlich hält Kate den Kontakt mit Jack aufrecht, nicht nur, weil das Ehe- oder sonstige Paare so tun, sondern auch, weil sie Angst um ihn hat, seit ein Irrer durch New York zieht und wahllos, oder scheinbar wahllos, Polizisten umbringt. Bei einem solchen Telefonat schlägt Paula Gosling zwei Fliegen mit einer Klappe: sie knüpft humorvoll an Shakespeare und die Tagung in Stratford an, gleichzeitig aber an eine der bekanntesten Figuren der Kriminalliteratur:

> "Wir sind jetzt in Stratford." Sie gab ihm die Telefonnummer des Hotels. "Heute vormittag sind wir im Bus hergefahren. Und rate mal, neben wem ich gesessen habe!?"
> "Shakespeare?"
> "Nein, du Döskopp. Richard Cotterell."
> "Ist ja Spitze."
> "Mit anderen Worten: Du hast mal wieder keine Ahnung. Ich habe dir das Buch zum Lesen gegeben, aber wahrscheinlich hast du dir keine Zeit genommen, wie immer."
> "Doch, doch. Ich bin tief beeindruckt. Wie ist er denn so?"
> "Sehr nett. Jünger als ich dachte. Sehr englisch in seiner Art." Wieder eine Pause. "Ich habe Sehnsucht nach dir. Und nach Pot."
> Er sah zu dem schwarzweißen Kater hinüber, der wegen seines prächtigen Schnurrbarts eigentlich Hercule Poirot hieß. "Pot gehts gut."[12]

Inzwischen sind Jack und die New Yorker Polizei dem Amokläufer noch keinen Schritt näher gekommen, obwohl eigens eine Polizeipsychologin aus Washington eingeflogen worden ist, die Dana heißt und wegen ihrer leuchtendroten Haarpracht polizeiintern nur als 'der Flammenwerfer' bekannt ist. Als Jack seinerseits einmal, einsam wie er ist, Kate in Stratford anruft, hört er im Hintergrund eine Männerstimme und wird eifersüchtig. Er versucht zwar, sich nichts anmerken zu lassen, knallt aber eine Kasserole samt Inhalt auf den Küchenboden, nachdem er das Gespräch frostig beendet hat. Hungrig und zornig macht er sich ans Aufräumen und Saubermachen, nicht gerade eine seiner stärksten Übungen.

Als dann ausgerechnet der 'Flammenwerfer' anruft und ihn zum Essen einlädt, nimmt er an - aber nicht alles, was ihm angeboten wird. Es ist nicht Paula Goslings stärkster Roman, aber die Passagen, die ihr offensichtlich auch wichtig sind - die über Partnerschaft und Ehe (speziell zwischen Polizisten und Nicht-Polizisten sowie reine Polizistenehen), sind stimmig geschrieben, die unterschwellige Wut der Karrierefrauen wider Willen gut getroffen, das Thema Beziehung zieht sich durch die ganze Handlung, wenn auch nicht immer so auffällig wie in der Begegnung zwischen Jack und Dana. Dann aber finden Stryker und seine Leute endlich einen Anhaltspunkt, dem sie nachgehen. Jack Stryker und 'Tos' Toscarelli halten gerade einmal an einer Pizzeria, machen Pause, als Jack, der auf die Motorhaube gelehnt ißt, umfällt. Toscarelli hat den Schuß nicht gehört, weil er im Polizeiwagen sitzt. Er will gerade über Funk Hilfe anfordern, da zersplittert die Heckscheibe des Wagens. Die Windschutzscheibe bleibt nur ganz, weil die Kugel in Toscarellis Kopf stekkenbleibt. Jack überlebt, der Todesschütze wird schließlich zur Strekke gebracht, und Kate kommt wieder aus England zurück, das neueste Buch von Richard Cotterell in ihrer Umhängetasche. Natürlich will Kate wissen, wie man dem Polizistenkiller auf die Spur gekommen ist.

"Etwas, was jemand zu Pinsky gesagt hat, hat uns auf die Spur gebracht."
"Was denn?"
"Daß oft das, was wir nicht tun, das Wichtigste ist."
Kate warf ihm einen raschen Blick zu, dann sah sie sich nach einem Abfallbehälter um. Aus ihrer Handtasche kramte sie ein nagelneues Buch mit dem Titel 'Verführung durch das Wort' hervor. Auf der Rückseite des Covers prangte das Foto eines attraktiven Richard Cotterell. Kate hatte einen Abfallbehälter gefunden. Sie warf das Buch hinein und ging zurück zu ihrem unmöglichen Polizisten.
"Er hat ja so recht," sagte sie.[13]

Dies ist der erste 'Ausflug' von Paula Gosling in das Genre des Polizeiromans mit viel harter 'action', aber auf die stille und nüchterne Liebesgeschichte, die hineingeflochten und im englischen 'cosy' besser aufgehoben ist, hat sie nicht verzichtet. Der versöhnliche Schluß des spannungsgeladenen Polizeiromans der amerikanischen Schule schlägt durch. Und welcher Frauenname ist shakespeareanischer als Kate?

Argwohn und Zweckbündnis

Reinrassig englisch in Besetzung, Umgebung und Gattung ist der Kriminalroman *Let's Talk of Wills* von Sarah Jill Mason aus dem Jahr 1985, dessen Titel schon die Querverbindung zu Shakespeare verrät und in dieser Richtung auch hält, was er verspricht.[14] Im abgeschiedenen Fleckchen Ardleton am Fluß Avon liegt Swan House, ein Landsitz, der seit Jahrzehnten von einer Dame geleitet wird, die am zweiten Tag der Handlung (die sich auf drei Tage erstreckt und damit eine kompakte Zeiteinheit umspannt) ihren neunzigsten Geburtstag feiert. Die Gästeliste ist nicht gerade lang, eine überschaubare, geschlossene Gesellschaft wird also an einem Festessen teilnehmen. Obwohl die Dame neunzig wird und schon seit Jahrzehnten Witwe ist, begrenzt sich die Zahl der möglichen Haupterben auf vier Personen.

In dieser illustren Geburtstagsgesellschaft, zu der auch Adelige niederen Standes geladen sind, will die Jubilarin, die noch recht rüstig scheint, aber in Wahrheit ziemlich krank ist, worauf die versammelten Erbschleicher ihre ganzen Hoffnungen setzen, in dieser Gesellschaft will sie nach dem Abendessen bekanntgeben, wer der Haupterbe sein soll, da jederzeit mit ihrem Ableben gerechnet werden muß. Um den Roman der Kategorie 'cosy' (mit starker Verwandtschaft zur Schule des Goldenen Zeitalters)[15] in seiner strengen, klassischen Einheit von Zeit, Ort und Handlung noch um eine Qualität zu verbessern, setzt das (gerade von Richard Cotterell via Coleridge beschriebene) sprichwörtlich schlechte englische Wetter ein - in Form eines sintflutartigen Landregens - und schneidet Swan House von der Außenwelt über Nacht ab, die Landstraßen sind unpassierbar.

Natürlich geschieht in dieser Nacht in diesem gottverlassenen Swan House ein Mord, die geschlossene Gesellschaft ist um ein Mitglied ärmer, der von der Hausherrin genannte Haupterbe um einiges reicher. Das ist die spannend und einfühlsam erzählte Detektivgeschichte dieses Buches, dessen Heldin ebenfalls Kate mit Vornamen heißt und die vor ihrem Geburtstag - alle Gäste sind am Vorabend angereist - sich früh zurückzieht, nicht ohne ihren Gästen eine Stärkung anzubieten.

They had all been too preoccupied to observe the light supper which lay waiting for them; but [her] reminder woke everyone up, and expressions grew more cheeful.
"*Let good digestion wait on appetite*", said Matthew, "and a jolly good idea too."
"*And health on both!*", came a sombre voice from the far end of the room. "Do you not realize that it is unlucky to quote from *Macbeth*?"[16]

Natürlich bleibt es an einem Geburtstag einer alten Dame nicht aus, daß in Erinnerungen geschwelgt wird, alte Geschichten aufgewärmt, alte Wunden aufgerissen und neue geschlagen werden (bekanntlich nimmt die Angriffslust in einer Gesellschaft, die man lange genug ertragen hat, der man aber nicht entrinnen kann, sprunghaft zu), und so kommt es schließlich zu einem Mord in Swan House, lange, nachdem sich die betagte Kate in ihre Gemächer zurückgezogen hat.

Jetzt muß man sich die Gesellschaft einmal genauer ansehen, insbesondere ihre Namen, denn damit hat sich Sarah Mason ungeheure Mühe gegeben. Der Adelige ist Sir John Oldcastle, die Freundin einer der für die Erbschaft in Frage kommenden vier Personen (Gilbert Peck) ist von Beruf Schauspielerin und heißt Perigenia, die Köchin von Swan House heißt Alice Shortcake, der Butler Humphrey Hour, das Küchenmädchen Susan Grindstone. Lauter sprechende Namen, die Shakespeare vorzugsweise für komische Figuren oder kleinere Rollen verwendet haben könnte. Es kommt noch dicker, denn der Arzt von Kate Keepdown, der neunzigjährigen Herrin des Verfahrens, hört auf den Namen Francis Pickbone, ihre Krankenschwester auf den Namen Jane Nightwork, ihr Augenarzt ist Sir Nicholas Gawsey. Und mehr:

Our deeds carry their terrible consequences, quite apart from any fluctuations that went before - consequences that are hardly ever confined to ourselves. All for the want of the horse-shoe nail of good temper, Sampson Stockfish was the onlie begetter of the murder at Swan House.[17]

Stockfish ist der Gärtner in Swan House, ein Name, der zunächst 'unverdächtig' erscheint, aber in Zusammenhang mit der Bezeichnung 'the onlie begetter'?[18] Man möchte fast sagen, da ist etwas faul in Hause Swan!

Nicht nur, weil Kate Keepdown mehrere Rechtsanwälte beschäftigt, sich vier Vordrucke für Testamente hat besorgen lassen und einer der Anwälte William Visor of Wincot heißt, nein, nicht nur deshalb. Sarah Mason hat sich die Freiheit genommen, für fast alle ihre Figuren in der Geschichte um Kate Keepdown Namen aus Shakespeares Stücken zu verwenden, und zwar solche, deren Träger im dramatischen Werk des Klassikers nie auf der Bühne erscheinen!

Zwei Namen sollen nur deshalb hervorgehoben werden, weil sie eine besondere Stellung einnehmen. Da ist zum einen Sir John Oldcastle. Das ist ursprünglich der Name für die Figur des Falstaff gewesen, aber die Nachfahren der Familie Oldcastle, die Cobhams, haben auf einer Namensänderung bestanden, weil diese Rolle ihrer Meinung nach ein schlechtes Bild auf ihre Familie geworfen hat. Elisa-

beth I hingegen, so wollen es zeitgenössische Berichte, habe sich kö-
niglich amüsiert und nach einem weiteren Auftritt von Falstaff verlangt, dann aber in der Rolle eines Verliebten.[19] Und da ist Matthew
Goffe, ein armer Schlucker, sowohl in Sarah Masons Kriminalroman
als auch in Shakespeares Drama HENRY VI, Part II. In Swan House
ist Matthew nur geduldet, weil er Gilbert Peck, einen der vier Haupt-
anwärter auf Kate Keepdowns Erbe, nach Ardleton gefahren hat.
Peck, der Frauenheld, hat sich nämlich den Arm gebrochen. In Shakespeares Stück hat Matthew Goffe, wie die anderen von Sarah Mason
in ihrem Roman eingesetzten Figuren, keinen Auftritt im Rampen-
licht. Sein Name fällt zweimal, einmal in einer kurzen Rede von Lord
Scales, einmal in einer Bühnenanweisung, dann fällt er selbst:

> *Scales*: How now! Is Jack Cade slain?
> *1 Cit.*: No, my lord, nor likely to be slain;
> for they have won the bridge, killing
> all those that withstand them. The Lord
> Mayor craves aid of your honour from the
> Tower, to defend the city from the rebels.
> *Scales*: Such aid as I can spare you shall command,
> But I am troubled here with them myself;
> But get you to Smithfield, and gather head,
> And thither I will send you Matthew Goffe;
> Fight for your King, your country, and your lives;
> And so farewell, for I must hence again.
> ......
> SCENE VII. *London. Smithfield.*
>
> *Alarums.* MATTHEW GOFFE is slain, and all the rest.[20]

Let's Talk of Wills wird ein einzigartiger Roman bleiben, nicht zuletzt
wegen des einzigartigen Einfalls mit Shakespeares Figuren, die in
Swan House haufenweise auftreten und zu einem literarischen Leben
erweckt werden, das sie zur Zeit ihres Entstehens nicht in vollen
(Bühnen)Zügen genossen haben.

Übrigens geht die Verschwörung des Zweckbündnisses gegen die
anderen Erbschaftsanwärter nicht auf, der Mord an einer der Personen der geschlossenen Gesellschaft stellt sich als überflüssig heraus.
Aber hinterher weiß man immer alles besser.

154

Anmerkungen

1 William R(odman) Dantz, *The Seventh Sleeper* (New York, Avon 1992).
2 Diesen Namen für den Bösewicht hat William R. Dantz, ein Pseudonym von W. R. Philbrick, sicher mit Bedacht gewählt und den französischen Erfinder des Detektives Lecoq, Emile Gaboriau (1832-1873), mit dem des ersten modernen Polizeichefs von Paris, Francois Vidocq (1775-1857), kombiniert.
3 *Sleeper*, pp. 26 f. An anderer Stelle (p. 122):
   When the knock came, Vidoc was lying naked in his hammock, reading *Troilus and Cressida*.
4 Unter seinem richtigen Namen hat Philbrick drei Kriminalromane mit dem Reihenhelden T. D. Stash (er trägt Züge von Travis McGee, die Titel erinnern auch an John D. Macdonald) geschrieben, die alle in Florida spielen.
   The Neon Flamingo (1987)
   The Crystal Blue Persuasion (1988)
   Tough Enough (1989)
5 *Sleeper*, pp. 160 ff.
6 Vidoc believed that genius was, by definition, a profound understanding of simplicity. Tap into that cycle, and you were elevated unto the next stage of evolution. The way Shakespeare turned the language inside out. The way Einstein turned the universe around. The way Emile Vidoc was retooling the human psyche. (pp. 279/280).
7 *Sleeper*, p. 162.
8 *Sleeper*, p. 96.
9 *Sleeper*, p. 362.
10 Paula Gosling, *Der Polizistenkiller* (1989, Rowohlt 1990). Der Roman erinnert nicht nur nach dem Inhalt, sondern auch zumindest vom Titel her stark an Ed McBain, *Cop Hater* (1956), aus der berühmten 87th Precinct-Reihe (Der Originaltitel *Backlash* weniger).
11 *Polizistenkiller*, pp. 31-33. Paula Gosling, Amerikanerin, lebt seit fast dreißig Jahren in England. Möglicherweise gibt sie hier ihre ersten persönlichen Eindrücke wieder.
12 *Polizistenkiller*, pp. 46 f.
13 *Polizistenkiller*, p. 206.
14 Sarah Jill Mason, *Let's Talk of Wills* (New York, St. Martin's Press 1985). Anders als der Roman von Robert Player mit dem an gleicher Stelle bei RICHARD II entnommenen Titel. Siehe Einleitung.
15 Julian Symons verteidigt die Romane der englischen Spezialart 'cosy' in *Bloody Murder* (Macmillan [3]1992), p. 243:
   In Britain the cosy crime story still flourishes, as it does nowhere else in the world. [...] This is a product for which there is still a steady demand,

as the recent foundation in the United States of a club for the preservation of the Cosy Crime Story shows.

16 *Wills*, p. 79.

17 *Wills*, p. 5.

18 Der Roman ist 1985 erschienen, und da sich diese Textstelle im ersten Kapitel befindet und nicht etwa ein Zitat darstellt, ruft die Formulierung sogleich die Erinnerung an die Widmung der Sonette wach und legt gleichzeitig die Tonlage des Romans fest:

TO.THE.ONLIE.BEGETTER.OF.
THESE.INSUING.SONNETS.
MR.W.H.ALL.HAPPINESSE.

19 Schabert, *Shakespeare-Handbuch*, pp. 134 und 413. Ein blutleeres "we are not amused" ihrer späteren Amtsnachfolgerin Victoria wäre Elisabeth I ohnehin nicht über die Lippen gekommen.

Übrigens hat Alfred Tennyson Sir John Oldcastle eine Ballade gewidmet, in der er wiederum eine Zeile aus RICHARD II zitiert:

Rose of Lancaster,
Red in thy birth, redder with houshold war,
Now reddest with the blood of holy men,
Redder to be, red rose of Lancaster -
If somewhere in the North, as Rumour sang
Fluttering the hawks of this crown-lusting line
By firth and loch thy silver sister grow,
That were my rose, there my allegiance due.

Alfred Lord Tennyson. *Poetical Works* (London, Macmillan 1905), p. 522.
Die Ballade ist überschrieben 'Sir John Oldcastle, Lord Cobham'.

20 HENRY VI, Part II, Scene 5, and 7. In einem Brief (vom 2. Mai 1992) erläutert die Autorin, weshalb ihr gerade Matthew Goffe so leid tut:

Can't you visualize what must have happened: Enter Richard Burbage, a playscript in his hand. He approaches the latest, youngest, most inexperienced member of the company. "Great news, friend! Will has pulled out all the stops on this one and given you an onstage part. Matthew Goffe - here!" Burbage hands over the script and exits, smothering laughter.

Der Vollständigkeit halber seien hier die anderen Namen alphabetisch aufgeführt und ihre 'Auftritte' bei Shakespeare vermerkt:

Accost, Mary	TWELFTH NIGHT, I,3
Gawsey, Sir Nicholas	1 HENRY IV, V,4
Grindstone, Susan	ROMEO AND JULIET, I,5
Hacket, Cicely	SHREW, Induction 2
Hacket, Marian	SHREW, Induction 2
Hour, Humphrey	RICHARD III, IV
Keepdown, Kate	MEASURE, III,2

ZWÖLFTES KAPITEL

Splitter aus HAMLET, MACBETH und anderen Dramen

1) Leo Bloodworth und Serendipity Dahlquist, ein ungleiches Paar, suchen in ihrem zweiten gemeinsamen Fall nach einer studentischen Untergrundgruppe der achtundsechziger Generation, obwohl Serendipity damals, auf dem Höhepunkt der Universitätsrevolten in den Vereinigten Staaten und in Europa, noch gar nicht auf der Welt gewesen ist. Serendipity ist ein Teenager, Leo ein abgebrühter Privatdetektiv in der Traumstadt Hollywood, und ihr geistiger Vater, Dick Lochte, hat den Einfall gehabt, beide nach ihrem ersten Fall (es geht um einen entführten Schoßhund) gemeinsam ein Buch schreiben zu lassen, das die Geschehnisse jeweils aus der Sicht des anderen schildert. Ein gelungener, ein komischer Einfall. Den Altersunterschied betont Leo, als er Serendipity unverblümt nach ihrem Alter fragt, und sie belegt ihre Schlagfertigkeit, ihre Belesenheit mit folgender Antwort:

"Older than Juliet when she took her life. Older than Cleopatra when she vamped Julius Caesar. Older than Jodie Foster when she was nominated for an Academy Award." (p. 40)

Der eigentliche Hinweis auf den Verbleib einiger Anführer von Studentenrevolten von einst, Terroristen von heute, findet sich im Jahrbuch 1975 der Universität von Raven's Point. Raven's Point University Theater, kurz RUT, ist damals mehr oder weniger von dem gesuchten Leach beherrscht worden, dem Kopf der RUT Mummers. Sein Gesinnungsgehilfe heißt Watson[!]:

[Leach] had masterminded the highly controversial *Kent State Revisited* tableau, as well as designing, with his close friend Simon "Sandy" Watson, their production of *Hamlet: The Melancholy Great Dane*, a raucous and ribald version of the classic, which caused a monumental furor throughout [...] the entire world of Shakespearean scholarship. Right. Olivier and Gielgud had probably been rocked back on their heels. [...] Leach was un-

questionably destined to become as famous as his namesake, the British
actor who went on to international fame as the film star Cary Grant.
(p. 298 f.)

Gleich zweimal verweist Dick Lochte auf die Filmwelt, deren Mekka
noch immer Los Angeles, Hollywood, geblieben ist, obwohl sowohl
die europäische als auch die inneramerikanische Konkurrenz in
den vergangenen Jahren immer härter geworden ist. Ironisch der
Gebrauch des Autors von Namen aus der Filmbranche, bezeichnend
für das unterschwellige Thema Klassik und Lochtes ironischen
Umgang mit den Großen der Weltliteratur der Beginn des nächsten
Kapitels:

"Knock, knock!", Peru de Falco said.
"Who's there?" I answered dutifully.
"Catgut."
"Catgut who?"
"Cat got your tongue?"
Neither of us laughed. (p. 300)

Den leichten Tonfall seiner Kriminalromane kann man aus dieser
Passage erkennen, die gekonnt die Pförtnerszene aus MACBETH
parodiert und gleichzeitig auf die weitverbreiteten Witze nach diesem
Strickmuster verweist.

Dick Lochte, *Laughing Dog* (1988, Coronet 1990)

2) Kate Kinsella ist Krankenschwester und Privatdetektivin, eine
gerade für England ungewöhnliche Kombination. Christine Green,
selbst ausgebildete Krankenschwester, Mutter von zwei Kindern, läßt
in ihrem ersten Fall Kate in einem Krankenhaus anheuern,
vorwiegend Nachtschichten übernehmen, um den Tod einer
jungen Krankenschwester aufzuklären. In der Teepause, so gegen
Mitternacht, unterhält sich die Schwester/Detektivin mit ihren
Mitschwestern Linda und Claudette über den Mord an Schwester
Jacky:

"We told the police everything", said Linda wearily. "You don't think we did
it, do you?"

"No, of course not. But I think a member of staff did kill Jacky."
Claudette stood up then. "I've got to wash my hands", she said. "And then I'll check the patients."
When she'd gone Linda rounded on me angrily. "She's not bloody Lady Macbeth, you know. All that washing she does, just stops her thinking and worrying; it's only like turning to drink, isn't it?" (p. 129)

Aber Kate Kinsella überlegt, spielt die verschiedenen Möglichkeiten durch, stellt sich vor, was in der Mordnacht passiert sein könnte:

It wasn't hard to imagine that night, Claudette wearing gloves, mopping up after the patient, changing the sheets, the nightie, offering a mouthwash or drink. And of course there would be the washing of hands afterwards. (p. 131)

Kate Kinsella, die einige Zeit mit einem Polizisten zusammengelebt hat, ist von der Vorstellung der händewaschenden Lady Macbeth/ Claudette fasziniert, die Autorin verstärkt diese Bildersprache aus Shakespeares Stück an einer weiteren Stelle:

Claudette still looked pale and anxious. [...] I saw a trace of blood on her hands where she had scrubbed again at the raw patches. Could she have left the ward, done the deed and returned to the ward to dispose of the knife, I wondered? [...] She could have opened the curtains, watched Jacky leave the main building, followed her, stabbed her, and been back in the ward within minutes. And then she would have washed and washed. (p. 133)

Die Anspielung auf Lady Macbeth wird mehrfach gemacht, verbunden mit der Frage nach der möglichen Schuld von Claudette, aber auch die Auflösung dieser Frage wird durch die Verwendung des Bildes vom Händewaschen bewirkt. Claudette weiht Kate in ihr Geheimnis ein:

"You've got it all wrong. I have a child in an institution. My son is blind and deaf and braindamaged. An infection in utero. I couldn't cope, you see. I try and wash my guilt away. It doesn't work, of course. I do know what I'm doing is abnormal and doesn't make sense, but it makes me feel better. It's sort of a punishment, isn't it?" (p. 136)

Übrigens wohnt Kate Kinsella zur Untermiete in einem Haus, das Hubert Humberstone gehört, einem Bestattungsunternehmer; die

160

Mutter der Ermordeten heißt Angel Clare: der Name des Hausbesitzers erinnert an eine Figur in Vladimir Nabokovs Roman *Lolita*, der Name von Jackys Mutter an eine (allerdings männliche) Figur in Thomas Hardys *Tess of the D'Urbervilles*.

Christine Green, *Deadly Errand* (London, Macmillan 1991)

3) Das Bild vom Händewaschen bringt Karen Kijewski mit dem alltäglichen Vorgang des Besuches einer Toilette in Zusammenhang, nachdem ihre Heldin, die Kate Colorado heißt - und zwar nach Shakespeares Kate aus THE TAMING OF THE SHREW (p. 56) - nach einem längeren Verhör bei der Polizei dringend die Toilette aufsuchen muß. Denn Kate, die sich seit geraumer Zeit nur noch Kat nennt, hat vor Stunden, als sie auf die Toilette des Flughafens gegangen ist, dort leider nicht das erledigen können, weswegen sie eigentlich dieses stille Örtchen aufgesucht hat. In der Toilette hat nämlich eine Frauenleiche gelegen, die ganze Kachelwand ist über und über mit Blut bespritzt gewesen. Kat, ganz pflichtbewußt, hat den grausamen Fund der Polizei gemeldet und ist zum Dank dafür lange eingehend verhört worden. Außerdem soll Kat die Stadt in den nächsten Tagen nicht verlassen.

Ich war in Nullkommanichts draußen. Deck wartete schon auf mich.
"Kat, was ist denn los?"
"Eine Toilette, schnell!" preßte ich mit verzweifelter Stimme hervor.
"Da hinunter und dann links." Ich raste los, während Deck mir in vernünftigerer und gesetzterer Geschwindigkeit folgte. Ich riß die Tür fast aus den Angeln und hatte die Unterhose in Rekordzeit heruntergezogen. Solche Situationen haben wenig mit Würde zu tun. Danach wusch ich mir ziemlich lange die Hände, obwohl ich nicht mit dem Blut in Berührung gekommen war und man Erinnerungen ohnehin nicht mit Seife abwaschen kann. Ich kam mir vor wie Lady Macbeth, nur unschuldig und im Vollbesitz meiner geistigen Kräfte. (p. 33 f.)

Karen Kijewski, *Ein Fall für Kat* (1989, Heyne 1991)

4) Nicht viel besser ergeht es dem hartgekochten Privatschnüffler Leo Haggerty in Washington, als er im Zuge von Ermittlungen ebenfalls einen menschlichen Drang verspürt und eine Toilette aufsucht, allerdings die Damentoilette - aus ermittlungstechnischen Gründen. Noch etwas hat Leo seiner kalifornischen Kollegin Kat voraus: er erledigt seine privaten Dinge zuerst!

> Ich öffnete den Reißverschluß und erleichterte mich. Verfluchter Mist. Hier roch etwas verdammt faul, auch wenn Dänemark weit sein mochte. Aber wen scherte das? Mich nicht. Ich ließ den Blick über die Wand schweifen. Keine Öffnungen. Das Fenster auf der Außenseite vergittert. Ich ging zum Becken, um mir die Hände zu waschen. (p. 78)

Dann hört Leo einen dumpfen Schlag und erspäht in der Kabine nebendran doch noch so etwas wie eine Leiche und meint, es sei an der Zeit, eine Fliege zu machen:

> Hier würde es gleich dick kommen. Ein Schwein, ein Schwein, ein Königreich für ein Schwein. (p. 79)

Benjamin M. Schutz, *Wie ein Wolf* (1985, Bastei 1990)

5) Eine ziemlich typische Haltung gegenüber der klassischen Literatur, also auch Shakespeare gegenüber, nimmt V. I. Warshawski ein: sie nimmt es mit dem Text des großen Dramatikers einfach nicht so genau und bekennt sich dazu auch offen, ganz die Frau, die sich auch diese (literarische) Freiheit nimmt:

> While I was gathering my keys and my handbag, sticking the Smith & Wesson into my jeans, the uniformed man arrived to take me down to the lineup. I carefully locked the dead bolt behind me - some days I don't bother with it - and ran down the stairs. Soonest started, soonest ended, or whatever it was Lady Macbeth said. (p. 217)

Sara Paretsky, *Toxic Shock* (1988, Penguin 1990)

6) Victor Daniel ist Privatdetektiv mit einem Büro in einer Nebenstraße des Hollywood Boulevard, er trägt mit Vorliebe Hawaiihemden und Mokkasins und füttert seinen Computer, der Betsy heißt, mit Daten aller möglichen Art. Zu Beginn eines Falles, in dem Vic Daniel dem Drogentreiben an einer High School ein rasches Ende bereiten soll, gibt er abends die neuesten Daten in den Speicher:

I also memorized Miss Shirley home number in case of emergencies. Listen, be prepared; and if Macbeth ever said a truer word than that in his life I never heard it. (p. 29)

David M. Pierce, *Down In The Valley* (1989, Penguin 1989)

7) Spannungsromane von deutschsprachigen Autoren verzichten auch nicht ganz auf Shakespeare, wie Armin Och, der Züricher Schriftsteller, belegt. Sein Held namens Vollmer sieht sich den Bösewichten gegenüber in einer ausweglosen Lage, nämlich in Begleitung einer rothaarigen Dame in einer Nachtbar - es gibt kein Entrinnen, und die Schurken drohen ziemlich eindeutig damit, Vollmer umzulegen, falls er sich nicht an die Spielregeln hält.

Nervös fuhren seine Finger über den Tisch. Zwar glaubte [Vollmer] nicht, daß es hier um Sein oder Nichtsein ging wie bei Shakespeare, aber irgendwie fand er es unfair, daß er vor diese Frage gestellt wurde, und das in der Gegenwart einer so verführerischen Frau. (p. 141)

Armin Och, *Plötzlich im Februar* (München, Knaur 1989)

8) Zwei Jungen benutzen den als Müllhalde mißbrauchten Teil eines üblen Stadtviertels von Cleveland als Spielplatz, als plötzlich einer von beiden ausrutscht, den Abhang hinunterpurzelt und sich dann wieder fängt. Aber natürlich ist ihm der Spott des anderen sicher:

Über ihm, oben auf dem Jackass Hill, stand Petey, die Hände in die Hüften gestemmt, und lachte: "Gute Vorstellung, Shakespeare!", rief der Junge. Jimmy lief rot an und wollte sich aufrappeln. Doch seine Hand fiel auf etwas Kaltes; zuerst hielt er es für einen Ast, doch dann sah er, daß es etwas anderes war. (p. 7)

Da schauen nämlich zwei Männerbeine aus dem Müll, die Leiche ist nackt und kopflos. Ratlos stehen die Jungs an jenem 23. September 1935 herum, an dem Max Allan Collins seine Geschichte um den legendären Eliot Ness beginnen läßt, erschrocken und hilflos, dann beschließen sie, die Polizei zu holen. Die findet dann nicht nur die abgeschnittenen Genitalien des Mordopfers, sondern auch dessen abgetrennten Kopf:

> Es wurde langsam dunkel, der Abend kam, und das Zwielicht nahm dem runden Kopf, den [Curry] in den Händen hielt, etwas von seiner Schrecklichkeit. Es war ein junges, seltsam unschuldiges Gesicht; männlich, aber mit femininen Lippen.
> "Wen haben wir denn da?" fragte Merlo mit einem schmalen Lächeln.
> "Yorrick?"
> "Wer?" (p. 14)

Auch hier taucht wieder das Thema der ungebildeten Polizei auf, denn Currys Kollege weiß mit dem Namen Yorrick schon nichts mehr anzufangen. Daß die spielenden Gassenjungs Shakespeare kennen, oder zumindest dessen Namen mit Schauspielkunst verbinden, dürfte darauf zurückzuführen sein, daß sie noch zur Schule gehen und möglicherweise gerade den englischen Klassiker durchnehmen.

Max Allan Collins, *Killer in der dunklen Stadt* (1988, Bastei 1990)

9) In einer englischen Public School steht Shakespeare fest auf dem Lehrplan des Dramakurses, und auch die Vorbereitungen in der Garderobe, bei der Schminke, bei der Auswahl der Kostüme, spiegelt den den Lehrplan wider. Alle Teilnehmer des Kurses verkleiden sich, vertiefen sich in eine Rolle. Chas Quilter, ein Junge indischer Abstammung, hält sich an Hamlet:

> He'd chosen Hamlet because of the ease of designing the make-up. It required the simplest transformation, his colouring being acceptable for the Danish prince in the first place. (p. 160)

Daß Shakespeare gerade auf dem Lehrplan steht, wird Inspektor Linley, dem Serienhelden von Elizabeth George, augenblicklich klar, als er nach dem Fund einer Mädchenleiche im Friedhof die Schule, den Lehrer des offensichtlich ermordeten Mädchens besucht und im Klassenzimmer auf die Tafel schaut:

Phrases covered it. Lynley read through them as Corntel watched him from a postion near the door. *Ironic reference to mercy; daughter versus ducats; the price of enmity; moral worth; realistic grievances; repetition of blood imagery.* "*The Merchant of Venice?*" Lynley asked. "Yes." Corntel advanced into the room. "I've always liked the play. That delicious hypocrisy of Portia. Speaking eloquently of mercy. Knowing none herself." (pp. 281 f.)

Elizabeth George, *Well-Schooled In Murder* (1990, Bantam 1990)

10) Natürlich ist an englischen Schulen Shakespeare aus dem Lehrplan nicht wegzudenken, und im Gespräch mit Kindern gehen Erwachsene stillschweigend davon aus, daß sich seit ihrer Schulzeit am Lehrplan in dieser Hinsicht nichts geändert hat. Mark Treasure, Hauptfigur der Romane von David Williams, verheiratet mit einer Schauspielerin, macht da keine Ausnahme. Er ist gerade in einem merkwürdigen Mordfall dicht auf den Fersen der Lösung, als er das Mädchen Gwyneth besucht, das einmal Schauspielerin werden will und deren Freund ebenfalls ermordet worden ist. Wie Mark Treasure vermutet, weil dieser Zeuge des ursprünglichen Verbrechens geworden ist.

Das Mädchen saß aufrecht im Bett, Haare wirr, Augen verquollen, Wangen tränenfeucht. [...] "Was für ein hübsches Zimmer. Und was für ein hübsches Mädchen. Hübscher noch, als man mir sagte, und das selbst bei all diesem Kummer. Eben jetzt wirkst du wie geschaffen für Ophelia in höchstem Elend. Kennst du deinen Shakespeare? Mußt du, wenn es dir ernst ist mit dem Theater." Er wartete, ehe er einen neuen Kurs einschlug und nachdem ihm zu spät aufgegangen war, daß die elende Ophelia jetzt kaum ein angemessenes Identifikationsobjekt darstellte. "Tut mir sehr leid, das mit Owen. Uns allen."
Eine wenig hoffnungsvolle Stille folgte; dann redete das Mädchen schwach und mit sichtlicher Mühe: "Ich habe *Hamlet* gelesen. Zweimal.

Und gesehen. Im Theater in Mold. Es war phantastisch. Es ist mir sehr ernst mit meiner Bühnenlaufbahn. Tut mir leid ... tut mir leid, daß ich nicht ... Oh ...". Dann kamen keine Worte mehr. (p. 158)

David Williams, *Treasure durch zwei* (1987, Ullstein 1990)

11) Zum Thema Unterricht, Bildung, Shakespeare und was davon später übrig bleibt, ob bei der Polizei oder im Kreis der Verbrecher, paßt auch folgender Gedankengang von Ember, einem kleinen Ganoven, der zum Mörder geworden ist, als dieser von der Witwe seines Opfers um Hilfe gebeten wird:

> Whatever happens, I'm not fucking this, and definitely not on a regular basis. Christ, what kind of a man would he be to do that? To shoot someone's husband and then move in? Despicable. It reminded him of a Shakespeare play to do with a king which his daughters were talking about not long ago - killing someone, then having a run at the widow. In those historical days, kings were rampant. (p. 45)

Bill James, *Astride A Grave* (1991, Macmillan 1991)

12) Gleich zwei Kriminalschriftsteller haben einen Protagonisten namens Macbeth: zum einen Martin Edwards, zum anderen M. C. Beaton. Während es Beaton beim Namen seines Helden beläßt (schließlich ist Schottland Schauplatz der Handlung), ohne Shakespeare zu bemühen, läßt Martin Edwards in seinem Roman zwei Welten aufeinanderprallen. Sein Protagonist ist ein Schwarzer, Ort der Handlung ist Liverpool, und die Feindseligkeiten zwischen Macbeth und der weißen Welt hören nie auf. Ein Mordfall bringt Macbeth und seinen Kollegen Skinner dazu, frühmorgens den Rechtsanwalt Harry Devlin aus dem Bett zu holen, weil einer seiner Mandanten ermordet aufgefunden worden ist. Harry öffnet widerwillig die Tür, läßt aber die Kette eingehakt:

> Outside stood two men in suits. The man who had spoken was heavily built and aged about forty. He had sandy hair, thinning on top and going grey. His companion was a generation younger, lean, lithe and wary. But what struck Harry most was the colour of his skin. In Liverpool, a black cop

was still unexpected, like a mermaid rising from the murky depths of the Mersey.
"Detective Chief Inspector Skinner", said the first man. He indicated his colleague. "This is Detective Sergeant Macbeth."
"I don't care if he's Banquo's bloody ghost. What's the big idea?"
(pp. 34 f.)

Martin Edwards, *All The Lonely People* (1991, Piatkus 1991)

13) Eine auf den ersten Blick unwahrscheinliche Figur in der Rolle des Amateurdetektivs ist Nancy Livingstons pensionierter Finanzbeamter G. D. H. Pringle, der ziemlich oft in Geldsorgen steckt - diesmal, weil sein Dach dringend repariert werden muß und der Kostenvoranschlag seine Reserven überschreitet. Pringle nimmt deshalb den Auftrag einer privaten Fernsehgesellschaft an, deren Steuererklärung für das vergangene Jahr vorzubereiten. In der Londoner Privatfernsehgesellschaft geht es munter zu, keiner kennt Pringle, keiner kümmert sich um ihn, also hält er Augen und Ohren auf, für den typisch englischen Amateurdetektiv ohnehin eine Grundvoraussetzung. Im Studio wird gerade eine Arztserie gedreht, als die Hauptdarstellerin, eine alternde Diva, ermordet wird.

"War Miss Pelouse mit irgendjemand in Doctors and Nurses befreundet?"
"Mit Ian Walsh, natürlich. Sie kennen die Geschichte? Er war mit Jacinta Charles eng befreundet, als sie beide die Schauspielschule besuchten. Viele Schauspieler machen den Fehler. Gib ihnen die Rolle des Romeo, und sie bilden sich ein, sie liebten Julia ..." (p. 75)

Der ermittelnde Inspektor kennt diese Theatergeschichten natürlich ebenso wenig wie der zufällig anwesende Pringle, der auch noch Zeuge einer anderen Aktivität im Studio wird, bevor er schließlich zum Manager vordringt.

Ruhe und Stille in den fensterlosen Kabinen waren eine Erholung. Im ersten Kämmerchen sah eine Technikerin mit ausdruckslosem Gesicht auf ihren Monitor, auf dem ein nettes Kind gerade die berühmten Zeilen aus Shakespeares *Romeo und Julia* aufsagte: 'Willst du schon gehn? Der Tag ist ja noch fern. Es war die Nachtigall und nicht die Lerche, die eben jetzt dein banges Ohr durchdrang ...' (p. 104)

Morgens, so erfahren Pringle und der Inspektor, sind es siebenundzwanzig Anwärterinnen gewesen, am Nachmittag kommen weitere dreißig, und das alles nur, weil die Privatgesellschaft noch eine Ansagerin für das Wetter im Frühstücksfernsehen sucht.

Nancy Livingston, *Der Tod macht den letzten Schnitt* (1989, Rowohlt 1990)

14) In den spannenden Spionageromanen von Anthony Price geht es sehr oft darum, einen wichtigen Zeugen vor Angriffen der Gegenseite zu schützen oder ihn in einem sogenannten 'safe house' über seine Wahrnehmungen auszuquetschen. In diesem Fall geht es Dr. Paul Mitchell, einem Militärhistoriker der Universität Oxford, der in Wahrheit keiner ist, darum, die Tochter eines verstorbenen Admirals versteckt zu halten. Weil er wichtige Mitteilungen zu machen hat, klopft er nachts bei ihr an, eine traurig-humorvolle Variante einer Bettszene folgt daraus:

> Elizabeth drew the sheet up to her neck. "What do you want, Paul?" The silly question asked itself before she could stifle it.
> "For God's sake, I want to talk to you!", hissed Paul. "What did you think I wanted?"
> Dust and ashes filled Elizabeth. She let go of the sheet - what did it matter what he saw or didn't see? - and leaned across to switch on the bedside lamp.
> "First, as of now, when someone knocks on your door in the night, you don't just open up, like Juliet for Romeo. You ask who the hell it is, ok?"
> 'Juliet for Romeo' was too close to comfort, too humiliatingly and pathetically close, thought Elizabeth. (p. 127)

Anthony Price, *The Old Vengeful* (1982, Mysteriuos Press 1989)

15) Zum mehrfach gestreiften Thema Bildung und Polizei im Zusammenhang mit Shakespeare trägt eine kleine Begebenheit in einer dunklen Komödie zwischen Gaunern und Polizisten bei. Die Tochter und die Ehefrau eines örtlich bekannten Ganoven mit dem Spitznamen 'Planner' wirken bei einer Laienaufführung des Musicals *Annie Get Your Gun* mit, ebenso wie die Töchter eines Polizisten. Der hat die Aufführung besucht und dabei den Ganoven gesehen, der unauffällig, aber routinemäßig observiert wird.

"I saw him at *Annie Get Your Gun*. My children are in it."
"So you have to make two visits? Twice to Cornsville? Is fatherhood such
a burden? You are a saint, Col!"
"Planner likewise, but he's backing his wife."
"Wonderful institution, marriage, its inescapable compulsions and duties.
All sorts can be going on around, but Preston [='Planner'] still gets in there
and watches *Annie Get Your Gun* night after night out of fierce, admirable
loyalty to his missus. And you, too; family calls. Or, on the other hand, any
high-calibre spare cunt in the show?"
"I wouldn't really have noticed, sir."
"Ah, so there is, is there? Notorious in amateur dramatics, of course.
Women seeking means of self-expression and yearning to 'find themselves'
under the local Romeo."
"I don't think he's in *Annnie Get Your Gun*, sir!" (p. 147)

Der Vorgesetzte ist wiederum der besser Gebildete, er kann sich auf
Kosten seines Untergebenen lustig machen und hat außerdem mit
seiner zynischen Sicht der Institution Ehe ins Schwarze getroffen - ein
passendes Thema im Zusammenhang mit ROMEO UND JULIA.

Bill James, *Take* (London, Macmillan 1990)

16) Eine bitterböse, schwarze Gesellschaftskomödie in Form eines
Kriminalromans spielt in der ehrwürdigen Universitätsstadt Oxford
mit ihren traditionreichen Colleges, Bibliotheken, Druckereien, mit
dem in aller Welt bewunderten Lehrbetrieb, dem bunten Treiben in
den engen, mittelalterlichen Straßen. Nur am Rande hat der
'Held' etwas mit der Universität zu tun, sehr viel aber mit der
Doppelbödigkeit der Mehrklassengesellschaft von Oxford. Der Held
wird irgendwann zum enttäuschten Liebhaber, zum eifersüchtigen
Rächer, zum kaltblütigen Mörder, irgendwann, nachdem er, der
Ehebrecher und Betrüger, von seiner Frau betrogen wird:

I almost wept. After all I'd been through, I just couldn't handle this. Then
a light suddenly came on in the hallway. The front door consisted of a
semi-transparent sheet of ornamented glass through which I could now
make out a flight of stairs. I followed the path round the corner of the
house and hid in the shadows. A moment later the door opened. It didn't
immediately close again, however. Instead, there ensued a leave-taking
whose ardour and duration made the balcony scene in *Romeo and Juliet*

look like a skinhead kiss-off. About a quarter of an hour passed before Romeo reluctantly dug his bike out of the bushes and took off. Juliet bolted the front door and ran upstairs to weep in her pillow. (p. 180)

Michael Dibdin, *Dirty Tricks* (London, Faber & Faber 1991)

17) Jack Hawkins ist an den Rollstuhl gebunden, seit ein durchgedrehter Polizist in einer Stammkneipe für Polizisten um sich geballert und ihn dabei unglücklich getroffen hat. Jack Hawkins ist damals Verwaltungsangestellter bei der Polizei gewesen, jetzt hat er sich, gestützt auf eine Invalidenrente, aufs Schreiben von Kriminalromanen verlegt. Dabei hilft ihm seine Verlobte Megan, die in einem Verlag arbeitet. Gerade wird eines seiner Bücher fürs Fernsehen bearbeitet, Jack ist oft bei den Dreharbeiten dabei, es macht ihm Spaß, zuzusehen, was aus seinem 'Kind' wird - bis eine Reihe von Unglücksfällen die Produktion aufhalten, bis sein Freund, der Polizist, nach dem er seinen Helden gestaltet hat, entführt wird, bis einige merkwürdige Drohbriefe eintreffen. Diese Drohbriefe führen Jack wegen ihres verworren-religiösen Inhalts auf die Spur, die in einer Kirche endet:

"I cannot help you, Mr.Hawkins."
I laughed. Wanting to rub it in, make him react: "Get serious, Father. You think Calvino really cares about familiy? He'd strangle his own mother to save himself a day in jail. Forget the Godfather routine. That's only in the movies."
But the priest wasn't listening. He was tuning me out, focusing on the paperback lying next to him. Losing himself in a world where the purity of love always triumphs. In the autumn light he looked, at that moment, like a pale, ascetic Romeo in the ruins of his garden, waiting to embrace the soul of his mad Juliet. (p. 166)

W(illiam) R(odman) Philbrick, *Paint It Black* (New York, St. Martin's Press 1989)

18) Victor Daniel ist ein Privatdetektiv mit besonderen Merkmalen. Er ist einsfünfundneunzig groß, trägt fast ausschließlich bunte Hawaiihemden und weiche Ledermokassins. Bemerkenswert ist auch seine Teilzeitkraft Sara, eine verkappte Dichterin, die ihm sowohl bei seinen Ermittlungen als auch mit der Büroarbeit hilft, wobei sie die Kundendateien in den Computer eingibt. Victor Daniel ist auch deshalb eine Ausnahmeerscheinung der Privatdetektivszene von Los Angeles, weil er auch kleinere Routineaufträge erledigt, Sicherheitsüberprüfungen bei mittelständischen Firmen. Gerade bearbeitet er einen Fall, bei dem Fotos, Naturfotos, eine Rolle spielen. Er betritt das Büro seiner Klientin und schaut sich um:

"Don't tell me", I said, taking in the photos on the walls, "let me guess. Animals, birds. Pelicans at sunset winging their way homeward for a good stiff drink and some fishy little canapés. In other words, nature studies." I shook my head reprovingly.
"What's in a word?", she said, with another guileless smile. "'A rose by any other name would smell as sweet as that which has no name to set it off'".
"Ah, yes", I said, getting up. " Richard the Fourth, Part Three, or was it the other way round?" (pp. 75 f.)

Natürlich sind unter den Naturfotos auch Fotos anderer Natur, wie Victor Daniel sogleich vermutet, wozu sonst hätte er bemüht werden müssen. Beispielhaft für den ironischen Ton des Amerikaners David M. Pierce, der in Paris lebt, ist diese Passage allemal, der Wortwitz läßt sich ahnen, der sich durch alle drei bisher erschienenen Kriminalromane mit dem eigenwilligen Victor Daniel zieht.

David M. Pierce, *Roses Love Sunshine* (1989, Penguin 1989)

19) Ein Wortspiel mit Julias Worten und seinem eigenen Namen macht Captain Roche, ein Geheimdienstmann, um die Atmosphäre aufzulockern, als er einer Kriegerwitwe einen Besuch abstatten muß, um etwas in Erfahrung zu bringen. Die Witwe, mißtrauisch, verlangt einen Ausweis von Roche und betrachtet sein Passbild kritisch:

Roche was at a loss to think of any other way that he could prove that he was himself when she abruptly reversed the card for him to see. It certainly didn't look like him, this fresh-faced subaltern, not like the wary (if not shifty) Roche who faced him in the shaving mirror each morning. [...]

He grinned at her uncertainly. "I was a lot younger then - Korean War and all that ... 'A Roche by any other face', you might say, Miss, ... Mrs...?", he floundered deliberately, trying to take the war into her territory.

"Mrs. Harlin, Captain Roche. 'A Roche by any other face'?"

He struggled to keep the grin in its trenches. "A joke, Mrs. Harlin. *Romeo and Juliet.*"

Macbeth would have been more appropriate, with false face must hide what the false heart doth know. But false face wasn't doing very well at the moment.

"Indeed?" Mrs. Harlin had met jokers before, and their bones were whitening on the wire of her forward defences. "This photograph needs updating, Captain Roche." (pp. 24 f.)

Die Vorliebe des Autors für Militärgeschichte (sein Serienheld, David Audley, Geheimdienstchef, führt nach außen hin ein Leben als Militärhistoriker und Experte für den amerikanischen Sezessionskrieg) tritt in der Wortwahl dieser Episode ebenso deutlich zutage wie der geschickte Umgang mit Shakespeares Worten. Anthony Price bemüht im weiteren Verlauf seines Buches auch noch HEINRICH IV - auch da geht es wieder um das gegenseitige Abtasten bei einer Erstbegegnung zwischen Captain Roche und einem möglichen Informanten.

Anthony Price, *Soldier No More* (1981, Grafton 1987)

20) Jacob Asch ist ein vergleichsweise junger Vertreter der alten hartgesottenen Schule von Privatdetektiven in Los Angeles, der Traumfabrikstadt. Jacob Asch, sein Name verrät es, ist Jude, und sein Erfinder spielt gerade mit dieser 'Tatsache' sehr gekonnt an einer Stelle des Kriminalromans, wo Asch in einer der zahllosen Fälle von ausstehenden Alimentenzahlungen sich mit seiner Auftraggeberin bespricht. Der Eigenname der Auftraggeberin macht das Wortspiel noch vielschichtiger:

"I'm interested in only one thing, Mrs. Fleischer, and that's collecting the money he owes."

"What if he can't pay it?"

"Don't worry", I told her. "The agency will get its pound of flesh, one way or another."
All the emotion had boiled out of her voice now, leaving only a residue of bitterness. She fixed me with an unblinking icy stare. "Well, if you collect it, take two pounds from the son of a bitch", she said in a voice that gave me a chill. "And mail one of them to me!"

Arthur Lyons, *Castles Burning* (1979, No Exit Press 1989)

21) So typisch amerikanisch Privatdetektiv Jacob Asch ist, so englisch ist Chief Superintendent Charles Wycliffe, der einen Mordfall im Haus von Lord Bottrell untersuchen muß. Wycliffe will gerade das selbst für die Verhältnisse von Cornwall, wo alle Fälle mit Wycliffe spielen, kleine Herrenhaus der Bottrells betreten, er mustert den Eingang:

He reached the house and climbed the broad steps to the terrace. Looking up at the pediment he saw the effigy of a sleeping cat - carved in relief and with an inscription, just legible: 'Innocens et Necesse'.
"Harmless and necessary." A voice from behind him. "Filched from The *Merchant of Venice* - Shylock and his 'harmless and necessary cat'."

W. J. Burley, *Wycliffe and the Dead Flautist* (London, Gollancz 1991)

22) In Trenchard House, einer Privatschule, an der auch der Sohn des israelischen Botschafters von London untergebracht ist, bereiten sich Schüler und Lehrer auf das Ende des Schuljahres und die diesjährige Aufführung eines Theaterstückes vor. Klar, daß Shakespeare die erste Wahl an einer englischen Schule ist, und diesmal fällt die Wahl auf TWELFTH NIGHT. Jared Sacher, der Botschaftersohn, der im Verlaufe der Handlung entführt wird, soll Olivia spielen. Constance Latrobe, der Lehrer, bespricht sich mit seiner Schauspielklasse:

"We shall have to double up some of the parts", said Latrobe. "Thirteen characters and only eight of us. Grenville-Barker says that Shakespeare constructed the last scenes so that, at a pinch, the same boy could play Viola and Sebastian. It means cutting out the confrontation and juggling some of the exits and entrances."

173

"That looks like two parts for you, Peter", said Alastair. "Who have you got for me, Connie?"

"Sir Toby Belch, I think."

"Why do I always get the large, coarse, comic characters?"

"Think it out", said Jared. "Terence, you can do Sir Andrew. Monty can be Feste and both sea captains. That is, if we don't cut out the first Sebastian scene altogether. The great advantage of doing Shakespeare is that most of the audience know the plot, so you don't have to do too much explaining."

Nicht nur Jared Sacher schwebt in Gefahr, aus politischen Gründen, sondern auch alle anderen Schüler von Trenchard House, denn einer von ihnen wird tot am Rande eines Feldes aufgefunden, ermordet. Aber nicht genug damit, der Junge ist vorher noch brutal gefoltert worden. Die Polizei überprüft alle Lehrer und das Personal von Trenchard House, geht jedem Hinweis aus der Bevölkerung nach, überprüft jedes Alibi. Dazu hat die Polizei auch Fotos von allen Betroffenen, die der Polizeipsychologe Sampson gerade studiert.

"Who's this young man?"

"Constance Latrobe, aged twenty-four. French father, English mother. Keen on acting and directing and a flair for both. When he was at London University he put on and acted in a modern dress production of *The Taming of the Shrew* which got considerable acclaim from professional critics."

"What part did he take?"

"He played Katharina."

Michael Gilbert, *The Night of the Twelfth* (1976, Penguin 1978)

SCHLUSSBEMERKUNG

Alles mögliche ließe sich noch anfügen, aber irgendwo muß ich Schluß machen, also hier, anstatt eines dreizehnten Kapitels. Allzugerne hätte ich noch das Thema Kreuzworträtsel vertieft,[1] wäre ich ausführlicher auf die in den Kriminalromanen geäußerte Shakespearekritik[2] eingegangen oder hätte mich mehr um Detektivgeschichten aus Frankreich[3] oder Spanien gekümmert. Ganze Stapel von Romanen habe ich nicht aufgeführt, in denen Shakespeare nur als Redewendung vorkommt oder in denen der Klassiker nur so nebenher erwähnt wird. Aus der Tatsache, daß ich willkürlich gerade jetzt aufhören kann, läßt sich ablesen, daß man ebenso gut endlos fortfahren könnte; und daß mir ungezählte Kriminalromane entgangen sein müssen, liegt auf der Hand.

Aber ein paar Anmerkungen noch, die sich im Verlauf der Arbeit an diesem Buch ergeben haben und die meine These von der Allgegenwart Shakespeares nicht nur im modernen Kriminalroman, sondern im Leben überhaupt, untermauern und die sich mit Wort und Bild belegen lassen. Leider haben es weder die verschiedentlichen Kriminalschriftsteller noch die Shakespeareforscher bisher geschafft, die wahre Identität der 'Dark Lady of the Sonnets' zu enthüllen, im Bereich des Spitzensports ist sie jedoch erst in dieser Saison gesichtet worden: bei den internationalen Tennismeisterschaften von Paris nämlich - Monica Seles, die augenblickliche Weltranglistenerste, in ihrer Rolle als 'The Dark Lady of the Nets'.[4] Es ist nicht ganz außergewöhnlich, daß ein Fernsehkritiker seine Besprechung des neuesten *Tatorts* mit 'Dr. Lady Macbeth' überschreibt,[5] auch nicht, daß der dänische Außenminister Uffe Ellemann-Jensen am Tage nach der Abstimmungsschlappe in Sachen Europa aus Hamlets berühmtestem Monolog zitiert,[6] aber daß ein schwedisches Einrichtungshaus seine neueste Bettwäschekollektion 'Ofelia'[7] nennt und ein Unternehmen der Kommunikationselektronik mit einer Hamlet-Karikatur für seine Produkte wirbt,[8] ist schon etwas ausgefallen.

Noch ein letztes, kleines Zitat, eine Figur aus einem Roman, die nach dem großen Dramatiker benannt ist (ohne auf den Inhalt des Romans einzugehen, nur so zum Spaß):

"Shake Johnson ist ein echtes Prachtstück. Er arbeitet seit Ewigkeiten als Caddie hier. Er ist der inoffizielle Hofnarr von Mountain Lake, amüsiert die Weißen mit schwarzem Jargon und hat für jede Gelegenheit einen Spruch oder ein Gedicht auf Lager. Drum nennen sie ihn auch Shakespeare!"[9]

Ich hoffe, ich habe einen Stein ins Rollen gebracht, und ich danke allen, die mir beim Anschubsen geholfen haben, ganz herzlich: Karin Apel, Jane Bakerman, Jens Peter Becker, Ingeborg Boltz, Gabriele Dietze, Herwig Friedl, Andreas Höfele, Jerry Kennealy, Gerd Lotze, Alfred Marquart, Sarah Mason, Horst Meller, Heinz Mundt, Rod Philbrick, Robert Richardson, Gerd Schattner, Irene Schröder, Nurit Seewi, René Strien, Ulrich Suerbaum, Astrid Swift, Hans Joachim Zimmermann.

Anmerkungen

1 Ein herausragendes Beispiel liefert ein englischer Kriminalschriftsteller, der in diesem Buch nicht vorkommt, Colin Dexter. In dessen 1977 erschienenen Roman *The Silent World of Nicholas Quinn*, der wie immer in Oxford spielt, wird ein Professor von Inspektor Morse als derjenige erkannt, der für die Times Kreuzworträtsel setzt. Das ist übrigens eine Nebentätigkeit, der auch Colin Dexter selbst nachgeht.

2 Die reine Shakespeareforschung muß und will ich zwangsläufig anderen überlassen.

3 Der in der Vorbemerkung erwähnte französische Kriminalroman ist nur ein Beispiel: Jean-Bernard Pouy, *Feuer für Jeanne* (1984, Rowohlt 1989).

4 S. Schoenbaum, "Shakespeare's Dark Lady: a question of identity", aus *Shakespeare's Styles - Essays in Honor of Kenneth Muir* (Cambridge 1980), pp. 221-239. In diesem Aufsatz bemerkt Schoenbaum auch, daß in der Kontroverse um die 'Dark Lady' selbst Agatha Christie noch im Jahre 1973 einen Leserbrief an die *Times* geschickt hat.
'The Dark Lady of the Nets', *TIME* vom 8. Juni 1992, p. 53 (siehe Abb., permission by TIME Inc. Magazines, New York).

5 Anne Rose Katz, "Dr. Lady Macbeth", *Süddeutsche Zeitung* vom 5. Mai 1992, Fernsehseite:
Natürlich hat's rote Haare, das akademische Luder, stiftet die Männer zum Bösen an und platzt vor Ehrgeiz, den Thron zu besteigen - hier den Thron der Wissenschaft.

6 Uffe Ellemann-Jensen, früher EG-Kommissar für Agrarfragen, Außenminister von Dänemark, am Tag nach dem verheerenden EG-Referendum, dem 3. Juni 1992: "To be or not to be - that is the answer!"

7 IKEA, Sommerkatalog 1992. Das Ofelia-Bettwäsche-Set hat als zentrales Muster einen Blumenkorb (siehe Abb.).

8 HAGENUK GmbH, Kiel (siehe Abb.).

9 Paul Engleman, *Tod von zarter Hand* (1987, Scherz 1990), p. 82.

Dark Lady of the Nets

WHAT COLOR IS **MONICA SELES'** HAIR? EVEN SHE IS NOT sure, saying, "I think it is—it is black." In four years her tresses have gone from light brown to bleach blond. Her new hue is *chatâigne foncé* (dark chestnut). In Paris last week to defend her French Open title,

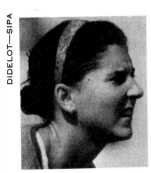

DIDELOT—SIPA

Seles was served up a change by a trendy salon. One advantage: she strolled down the Champs Elysées without being recognized. At Roland Garros, however, the world's top woman player did not go unnoticed. She was the one who warmed up by playing the guys.

29.-

4 **OFELIA Bettwäsche-Set.**
Baumwolle. Waschbar 60°.
150 x 84 cm, 50 x 60 cm. 2tlg. **29.-**

5 **TOTO Tischuhr.**
Metall/Kunststoff/Glas.
Quarzwerk. 1 Jahr Garantie.
15 cm hoch. **25.-**

IKEA family®

Ernst-Heinrich B., 46, Hamlet-Darsteller und sein schnurloses Hagenuk.

hagenuk
Telekommunikation

· BIBLIOGRAPHI E

AVALLONE, Michael	*Mord à la Shakespeare* (1963, Bastei Lübbe 1973)
BRAUN, Lilian J.	*The Cat Who Knew Shakespeare* (New York, Jove 1988)
BURGESS, Anthony	*Anthony Nothing like the Sun* (London, Heinemann ²1972)
BURLEY, W. J.	*Wycliffe and the Dead Flautist* (London, Gollancz 1991)
CARLSON, Patricia	*Vorspiel zum Mord* (1985, Ariadne 1990)
CHANDLER, Raymond	*The Big Sleep* (1939, Penguin 1966) *The Little Sister* (1949, Penguin 1955) *Briefe 1937 - 1959,* hrsg. v. Frank MacShane (1981, Knaus 1990)
COLLINS, Max Allan	*Killer in der dunklen Stadt* (1988, Bastei Lübbe 1990)
CRISPIN, Edmund	*Love Lies Bleeding* (1948, Mysterious Press 1988)
DANTZ, William R.	*The Seventh Sleeper* (New York, Avon 1992)
DIBDIN, Michael	*Dirty Tricks* (London, Faber & Faber 1991)
EDWARDS, Martin	*All The Lonely People* (London, Piatkus 1991)
ENGLEMAN, Paul	*Tod von zarter Hand* (1987, Scherz 1990)
FRANCIS, Dick	*The Edge* (1988, Fawcett 1989)
FREELING, Nicolas	*Lady Macbeth* (1988, Penguin 1988)
GEORGE, Elizabeth	*Well-Schooled In Murder* (1990, Bantam 1990)
GILBERT, Michael	*The Night of the Twelfth* (1976, Penguin 1978)

GOSLING, Paula	*Loser's Blues*
	(1980, Pan 1981)
	Der Polizistenkiller
	(1989, Rowohlt 1990)
GREEN, Christine	*Deadly Errand*
	(London, Macmillan 1991)
GRIMES, Martha	*The Dirty Duck*
	(1984, Dell 1985)
	The Man with a Load of Mischief
	(1981, Dell 1985)
	The Old Fox Deceiv'd
	(1982, Dell 1988)
INNES, Michael	*Hamlet, Revenge!*
	(1937, Penguin ⁶1989)
JAMES, Bill	*Astride A Grave*
	(London, Macmillan 1991)
	Take
	(London, Macmillan 1990)
JAMES, Susan	*Foul Deeds*
	(New York, St. Martin's Press 1989)
KAYE, Marvin	*Bullets For Macbeth*
	(New York, Dutton 1976)
KELLERMAN, Faye	*The Quality of Mercy*
	(1989, WH Allen 1989)
KIJEWSKI, Karen	*Ein Fall für Kat*
	(1989, Heyne 1991)
KNIGHT, Alanna	*Enter Second Murderer*
	(London, Macmillan 1988)
LATHEN, Emma	*Double, Double, Oil and Trouble*
	(1978, Pocket Books 1980)
LECARRÉ, John	*The Russia House*
	(London, Hodder & Stoughton 1989)
LEONARD, Elmore	*Get Shorty*
	(New York, Delacorte 1990)
LIVINGSTON, Jack	*Die Again, Macready!*
	(1984, Signet 1985)
LIVINGSTON, Nancy	*Der Tod macht den letzten Schnitt*
	(1989, Rowohlt 1990)
LOCHTE, Dick	*Laughing Dog*
	(1988, Coronet 1990)

LYONS, Arthur	*Castles Burning* (1979, No Exit Press 1989)
MCILVANNEY, William	*Strange Loyalties* (London, Hodder & Stoughtonn 1991)
MANN, Jessica	*Faith, Hope and Homicide* (London, Macmillan 1991)
MASON, Sarah J.	*Let's Talk of Wills* (1985, St. Martin's Press 1985)
MATTHIESEN, Hinrich	*Fleck auf weißer Weste* (München, Heyne 1990)
OCH, Armin	*Plötzlich im Februar* (München, Knaur 1989)
PARETSKY, Sara	*Toxic Shock* (1988, Penguin 1990)
PIERCE, David M.	*Down in the Valley* (1989, Penguin 1989) *Roses Love Sunshine* (1989, Penguin 1989)
PHILBRICK, W. R.	*Paint It Black* (New York, St. Martin's Press 1989)
PLAYER, Robert	*Let's Talk of Graves,* *and Worms, and Epitaphs* (1975, Penguin 1977)
PRICE, Anthony	*The Old Vengeful* (1982, Mysterious Press 1989) *Soldier No More* (1981, Grafton 1987)
RADLEY, Sheila	*Death and the Maiden* (1978, Penguin 1989)
RENDELL, Ruth	*Make Death Love Me* (London, Hutchinson 1979)
RICE, Craig	*My Kingdom for a Hearse* (1956, Bantam 1986)
RICHARDSON, Robert	*The Dying of the Light* (London, Gollancz 1990) *The Latimer Mercy* (1985, Gollancz 1989)

SAYERS, Dorothy L.	*Murder Must Advertise*
	(1933, New English Library 1975)
SCHREY, Helmut	*Mordaffäre Shakespeare*
	(Duisburg, Gilles & Francke 1988)
SCHUTZ, Benjamin M.	*Wie ein Wolf*
	(1985, Bastei Lübbe 1990)
SHAKESPEARE, William	*The Complete Works*,
	hrsg. v. Peter Alexander
	(London, Collins 1966)
	The Sonnets,
	hrsg. v. John Dover Wilson
	(Cambridge, UP [2]1967)
TAPPLY, William G.	*Dead Meat*
	(1987, Fontana 1989)
TEY, Josephine	*The Daughter of Time*
	(1951, Penguin 1976)
THOMSON, June	*Vorhang auf zum Totentanz*
	(1988, Scherz 1990)
WILHELM, Kate	*The Hamlet Trap*
	(1987, Gollancz 1988)
WILLEFORD, Charles	*The Woman Chaser*
	(1960, Carrell & Graf 1990)
WILLIAMS, David	*Treasure durch zwei*
	(1987, Ullstein 1990)
YAFFE, James	*Mom Doth Murder Sleep*
	(New York, St. Martin's Press 1991)

Allen, David, 'Richard III: Jury by trial', *The Armchair Detective* 20/4 (1987), pp. 403 ff.

Bakerman, Jane S., 'Advice Unheeded: Shakespeare In Some Modern Mystery Novels', *The Armchair Detective* 14/2 (1981), pp. 134-139.

Becker, Jens Peter / Buchloh, Paul G., *Der Detektivroman* (Darmstadt, Wissenschaftliche Buchgemeinschaft [2]1978)

Burgess, Anthony, *Shakespeare* (London, 1970)

Clive, Edward, 'The Great Debate', *The Armchair Detective* 22/3 (1989), pp. 317 ff.

Compart, Martin / Wörtche, Thomas (Hrsg.), *Jahrbuch der Kriminalliteratur 1989* (Berg.-Gladbach, Bastei Lübbe 1989)

-, *Krimijahrbuch 1990* (Köln, Emons Verlag 1990)

Degering, Thomas, *Raymond Chandler* (Hamburg, Rowohlt 1989)

Glaser, Peter, "*Shakespeare, gehackt!*" (ZEIT-Magazin vom 16. März 1990)

Gottschalk, Jane, 'Detective Fiction And Things Shakespearean', *The Armchair Detective* 14/2 (1981), pp. 100-107.

Haycraft, Howard, *Murder For Pleasure* (New York, Biblo & Tannen [2]1968)

Hubin, Allen J., *Crime Fiction, 1749-1980*: A Comprehensive Bibliography (New York, Garland 1984)

Hubin, Allen J., *1981-1985 Supplement* (New York, Garland 1988)

Keating, H. R. F., *The Bedside Companion To Crime* (London, O'Mara Press 1989)

Meller, Horst, 'An Emblematic Background For Shakespeare's Sonnet No.116 - And More Light On Mr. W. H.', *Archiv* 217 (1/1980), pp. 39-62.

Moody, Richard, *The Astor Place Riot* (New York, 1958)

-, *Edwin Forrest - First Star on the American Stage* (New York, 1960)

Moody, Susan (Hrsg.), *Hatchards Crime Companion* (London, Hatchards 1990)

Penzler, Otto u.a., *Detectionary* (1971, Overlook [2]1977)

Philips, A. S., 'Why does Hamlet delay? - Hamlet's subtle revenge', *Anglia* 98 (1980), pp. 35-50.

Schabert, Ina (Hrsg.), *Shakespeare-Handbuch* (Stuttgart, Kröner [3]1992)

Schütz, Erhard (Hrsg.), *Zur Aktualität des Kriminalromans* (München, Fink 1978)

Späth, Eberhard, *Der britische Kriminalroman 1960-1975* (Gießen, 1973)

Stein, Thomas, 'Intertextuelle Referenzen in John Lecarrés Trilogie *The Quest for Karla*', *anglistik & englischunterricht* 37 (1989), pp. 113-130.

Suerbaum, Ulrich, *Krimi - eine Analyse der Gattung* (Stuttgart, Reclam 1984)

Symons, Julian, *Bloody Murder* (1972, Macmillan [3]1992)

Vogt, Jochen (Hrsg.), *Der Kriminalroman* (München, Fink 1971)

Walkhoff-Jordan, Klaus-Dieter, *Bibliographie der Kriminalliteratur 1948-1984* (Berlin, Ullstein 1985)

Walkhoff-Jordan, Klaus-Dieter, *Bibliographie 1984-1990* (Berlin, Ullstein 1991)

Wieckmann, Jürgen u.a. (Hrsg.), *Das Chaos Computer Buch - Hacking Made In Germany* (Hamburg, Wunderlich 1988)